brasil@povo.com

DE: R$ 30,00

por: R$ 20,00

Obras de BERNARDO SORJ
publicadas por Jorge Zahar Editor:

A nova sociedade brasileira

A construção intelectual do Brasil contemporâneo
Da resistência à ditadura ao governo FHC

Judaísmo para o século XXI
(com Nilton Bonder)

Bernardo Sorj

brasil@povo.com

A luta contra a desigualdade na Sociedade da Informação

Jorge Zahar Editor

UNESCO

Organização das Nações Unidas para a Educação, a Ciência e a Cultura
Representação no Brasil
SAS, Quadra 5 Bloco H, Lote 6, Ed. CNPq/IBICT/UNESCO, 9º andar.
70070-914 - Brasília - DF - Brasil
tel.: (55 61) 321-3525 / fax: (55 61) 322-4261
e-mail: UHBRZ@unesco.org.br

Jorge Zahar Editor Ltda.
rua México 31 sobreloja
20031-144 Rio de Janeiro, RJ
tel.: (21) 2240-0226 / fax: (21) 2262-5123
e-mail: jze@zahar.com.br
site: www.zahar.com.br

Revisão do texto: Rita Elias
Capa: Sérgio Campante
Fotos de Capa: Sérgio Campante *(menor)*
© Photodisc/Getty Images *(maior)*

CIP-Brasil. Catalogação-na-fonte
Sindicato Nacional dos Editores de Livros, RJ.

Sorj, Bernardo
S691b brasil@povo.com: a luta contra a desigualdade na Sociedade da Informação / Bernardo Sorj. – Rio de Janeiro : Jorge Zahar Ed. ; Brasília, DF: Unesco, 2003.

Inclui bibliografia
ISBN 85-7110-738-6 (Jorge Zahar Ed.)
ISBN 85-87853-88-0 (Unesco)

1. Globalização. 2. Igualdade. 3. Ação social. 3. Sociedade da Informação. 4. Informática – Aspectos sociais. 5. Inovação tecnológica – Aspectos sociais. I. Unesco. II. Título.

CDD 303.483
03-1493 CDU 316.422.44

Sumário

Lista de Quadros

Prefácio

No ano em que se realiza a primeira fase da Cúpula Mundial da Sociedade da Informação, em Genebra, a Unesco tem grande satisfação em apresentar o livro *brasil@povo.com*, que contém uma ampla reflexão sobre o significado da Sociedade da Informação, da exclusão digital e suas relações com outras formas de desigualdade social, assim como a análise da experiência brasileira.

Quero enfatizar dois aspectos do texto que me parecem de grande importância nesse ano de celebração da Cúpula Mundial da Sociedade da Informação e que ressaltam do livro de Bernardo Sorj. O primeiro se refere a uma visão madura dos processos recentes da globalização, pano de fundo para o avanço da Sociedade da Informação. O outro é a oportunidade que o autor nos oferece de refletir sobre a contribuição que o pensamento social no Brasil pode dar à compreensão dos processos de apropriação social criativa das novas tecnologias de comunicação e informação.

Tendo presente a experiência concreta de uma organização não-governamental atuante junto a populações desprivilegiadas do Rio de Janeiro, Bernardo Sorj nos conduz a refletir sobre os fundamentos desse tipo de ação compartilhados solidariamente por inúmeras outras ONGs e grupos de indivíduos em escala global. De fato, é importante conscientizarmo-nos de que, apesar dos efeitos negativos da globalização, dela também cresce o que o autor chama de "espaço unificado de expectativas de igualdade", cujo fundamento é o reconhecimento de que "toda a humanidade tem direito de usufruir o mesmo patamar civilizatório", composto pelo conjunto de bens materiais e culturais básicos alcançados pelas nações mais ricas e que passam a constituir-se em "bens fundamentais". Essa é uma dimensão da globalização sobre a qual muito pouco se reflete, mas que constitui uma possibilidade de interpretação de movimentos como o que conduz à Cúpula Mundial da Sociedade da Informação. Nesse sentido, o espetáculo que se verá em Genebra, em dezembro de 2003, será uma etapa avançada do diálogo global sobre princípios e ações que permitirão a máxima expansão desse novo patamar civilizatório, condição mesma do desenvolvimento da Sociedade da Informação.

O livro de Bernardo Sorj resgata, na discussão sobre a exclusão digital, uma tradição de pensamento social baseada na dialética entre igualdade e desigualdade. Sua reflexão sobre a reprodução da desigualdade social ressalta a existência simultânea de aspectos que alimentam a desigualdade e aqueles que levam à maior justiça distributiva, os processos que "atuam no sentido do fortalecimento dos valores de liberdade, solidariedade e justiça social". Com essa reflexão, o livro apresenta ao público leitor, em língua portuguesa, os fundamentos de uma estratégia ativa para a construção de uma Sociedade da Informação em conformidade com os princípios de igualdade e solidariedade. Nunca é demais apontar para os fatos de que existe espaço para a intervenção criativa no desenvolvimento social e que o potencial que as novas tecnologias de informação e comunicação têm de aumentar as desigualdades coexiste com as possibilidades de facilitar a vida de pessoas dos setores menos favorecidos. Como os exemplos analisados no livro demonstram, "cada tecnologia se atualiza pela forma de apropriação criativa dos diferentes grupos sociais e seus impactos na sociedade não são lineares, podendo gerar novas formas de estratificação e fragmentação social".

O apoio da Unesco na publicação deste livro é ilustrativo do modo pelo qual a Organização se insere no esforço coletivo que conduz à Cúpula Mundial. A Unesco contribui para os objetivos da Cúpula com sua visão e competência específicas, de acordo com os três compromissos estratégicos da Organização. O primeiro é o compromisso com a formulação de normas e princípios universais, baseado em valores compartilhados, que permitirão proteger e fortalecer o "bem comum" no enfrentamento dos desafios emergentes, em escala global, em educação, ciência, cultura e comunicação. Em segundo lugar, a Unesco está comprometida em promover o pluralismo, reconhecendo e estimulando a diversidade e respeitando os direitos humanos. Finalmente, a Unesco traz para a Cúpula Mundial seu compromisso com o acesso eqüitativo, a capacitação e o compartilhamento do conhecimento como formas de promover o empoderamento e a participação na Sociedade da Informação.

Para a Unesco, o crescimento das redes e aplicações das tecnologias de informação e comunicação não garante, por si mesmo, os fundamentos das sociedades do conhecimento. Para construí-la é necessária a escolha política sobre quais são as metas desejáveis, principalmente para que se possa ampliar o acesso eqüitativo à educação e ao conhecimento. Essa é uma tarefa de todos e se insere no processo coletivo de superação da exclusão digital, uma das dimensões da desigualdade social. Celebremos a Cúpula Mundial da Sociedade da Informação, em sua fase de Genebra, e preparemo-nos para a fase seguinte, em Tunis, em 2005.

Jorge Werthein
Representante da Unesco no Brasil

Introdução: A globalização como utopia democrática

A globalização das sociedades

O mundo se globaliza desde Cristóvão Colombo. Os processos de globalização são múltiplos: tecnológicos, econômicos, sociais, políticos e culturais. Inicialmente impulsionados pelo Mercantilismo e posteriormente pela Revolução Industrial, foram necessários quinhentos anos para que, no final do século XX, chegássemos ao início de uma nova era, a da globalização como fenômeno que permeia a consciência do conjunto da humanidade.

Os processos de globalização criaram impérios e colônias, levaram à escravidão milhões de africanos, dizimaram povos indígenas e negaram a humanidade de boa parte da humanidade. Ainda na primeira metade do século XX, a maioria das populações da periferia vivia em comunidades camponesas, às quais só chegavam ressonâncias, praticamente incompreensíveis, do grande mundo, e os trabalhadores urbanos lutavam por um lugar no sistema político nacional, que era o horizonte da vida cidadã e o espaço em que se constituíam as expectativas e circulava a maior parte da informação cultural, política e econômica. Enquanto nos países avançados a luta pela cidadania e o sistema educativo consolidaram a sociedade nacional como o marco a partir do qual eram vivenciados os valores de solidariedade, das imagens do culturalmente certo e errado e a arena na qual se davam as lutas políticas, parte da periferia do mundo capitalista ainda estava submetida a potências coloniais. Até recentemente, a "globalização", como forma de entendimento da vida social, só existia para uma pequena elite econômica, política e intelectual.

Uma visão economicista da história teima em confundir os *processos de globalização* com o fenômeno contemporâneo da *globalização das sociedades*. A transformação das estruturas produtivas, a integração dos mercados, os processos de internacionalização financeira e, em particular, a revolução tecnológica – que permite uma comunicação instantânea, eliminando as barreiras do espaço físico – constituem o substrato que permitiu a globalização da vida social, isto é, uma nova realidade política e cultural, na qual os diversos atores sociais – indivíduos, grupos, instituições, empresas – se orientam em função de informações, expectativas e desejos inspirados em referências globais.

A globalização das sociedades expressa-se no início da formação de uma opinião pública mundial, unificada em torno dos temas da defesa dos direitos humanos e do acesso universal a bens de consumo coletivo. A globalização das expectativas e valores é produto de um processo lento e de longa duração, tecido por lutas sociais e ideológicas que expandiram o campo da percepção, sensibilidade e autocompreensão de cada indivíduo como sujeito de direitos humanos, permitindo que hoje seja legítimo a qualquer pessoa no planeta, independentemente de seu lugar de nascimento e posição social, construir seus sonhos de acesso a melhores condições de vida tendo como referência as informações recebidas de todos os cantos do mundo. A globalização é antes de tudo a democratização das sociedades em escala internacional, a criação de um espaço unificado de expectativas de igualdade.

Como democratização do mundo, a globalização não significa, como bem sabemos, a igualdade efetiva das condições de vida no interior de cada sociedade ou entre os povos. Mas ela é a precondição para se pensar as desigualdades sociais em escala global, pois a consciência e as expectativas de igualdade precedem a luta contra a desigualdade. Só pode haver hoje uma luta global contra a desigualdade porque os valores de igualdade e solidariedade implodiram as fronteiras nacionais, e é o conflito entre expectativas igualitárias e a realidade de brutais diferenças sociais no interior das sociedades e entre os países que alimenta a frustração, o ressentimento, a revolta e a violência social.

A globalização das sociedades é concomitante à construção de uma utopia democrática global pela transformação de corações e mentes em torno do reconhecimento de que toda a humanidade tem direito a usufruir do mesmo patamar civilizatório, mediante o acesso ao conjunto de bens materiais e culturais básicos alcançado pelas nações mais ricas. Quando o movimento antiglobalização denuncia, por exemplo, a crescente distância entre países pobres e ricos, este discurso tem como condição de possibilidade a crença, globalmente compartilhada, de que todos os habitantes do planeta, independentemente de país, cultura, religião ou qualquer outra identidade pessoal, possuem o direito de compartilhar o mesmo conjunto de bens fundamentais. A esperança de um mundo de abundância, em que todos os povos atinjam níveis de desenvolvimento e uma vida decente, é comum a todas as grandes ideologias contemporâneas, independentemente, ou mesmo apesar, da eficácia que cada perspectiva tenha mostrado, na prática, para fazer avançar esta promessa.

Davos e Porto Alegre, símbolos midiáticos apresentados como antagônicos, são dois lados do mesmo processo, visto que, apesar de suas diferenças, estão profundamente interligados como produtos da globalização. O primeiro sustenta-se no poder e prestígio do modelo centrado na valorização do mercado e da empresa e na sua capacidade de renovar constantemente a economia. Entretanto, esse fundamento é incapaz de dar respostas satisfatórias aos problemas sociais, culturais, políticos e dilemas morais produzidos pelas transformações que a globalização deflagra e que não podem ser reduzidos a questões marginais e compensatórias das eventuais ineficiências do sistema de mercado. O segundo tem sido efetivo em promover a luta por valores solidários e o interesse público como temas centrais da agenda internacional, mas, embora já tenha passado de um discurso centrado na antiglobalização para a procura de uma outra-globalização, ainda é dominado pela postura de protesto, com pouca capacidade de elaborar propostas efetivas que integrem o capitalismo e o progresso tecnológico sob uma visão humanista da história.

É importante confrontar simplificações maniqueístas que esquecem o substrato de valores comuns que orienta hoje boa parte da humanidade e que se expressa na prática pelas fortes interligações, ainda que por vezes conflituosas, entre os diversos atores sociais (Estado, empresas, ONGs). Nas últimas décadas, nas ciências sociais predominaram teorias que, procurando desvendar os mecanismos de reprodução da desigualdade social, perderam do horizonte intelectual a necessidade de explicar os processos que atuam no sentido contrário, isto é, no fortalecimento dos valores de liberdade, solidariedade e justiça social. Uma boa teoria social deve dar conta tanto dos dispositivos que reproduzem a desigualdade e a dominação quanto dos que fazem com que a liberdade, a solidariedade e a igualdade continuem a ser valores centrais na vida das sociedades contemporâneas. Explicar o mundo atual exige que a análise social mostre o entrelaçamento complexo entre ambos os processos: os que alimentam a desigualdade e aqueles que levam a uma maior justiça distributiva.

O objeto deste livro, a chamada "exclusão digital", isto é, a distribuição desigual entre os países – e no interior de cada sociedade – dos recursos associados às tecnologias da informação e da comunicação, é um campo privilegiado para se compreender a dialética entre igualdade e desigualdade, pois refere-se a um universo que possui tanto o potencial de reconstruir o mundo no sentido de uma maior liberdade e participação social quanto o de levar ao aprofundamento da desigualdade social e a novas formas de concentração do poder.

Ao enfrentar o desafio de analisar a exclusão digital, devemos nos proteger de visões simplificadas, de fácil formulação e grande impacto midiático, mas profundamente injustas com a riqueza, diversidade e complexidade da vida social. Assim, para certos autores, instituições internacionais e empresas, as novas tecnologias permitiriam aos países menos desenvolvidos e aos setores mais pobres da população pular etapas, substituindo com tecnologias avançadas a falta de investimentos em educação e recursos materiais. Para outros, ao contrário, as novas tecnologias aumentariam a distância social no interior de cada sociedade e entre os povos. Se os dados atuais mostram que as novas tecnologias têm produzido, em geral, o efeito de aumentar as desigualdades sociais intra e internações, existem também indicações de que elas, igualmente, possuem o potencial de facilitar a vida dos setores menos favorecidos e de serem mobilizadas para o serviço de estratégias sociais e políticas públicas distributivas. Ambos os processos coexistem, e o resultado final dependerá da iniciativa criativa e do esforço de indivíduos, grupos, empresas, ONGs e, fundamentalmente, de governos nacionais. Portanto, ambas as visões indicam tendências reais, mas parciais e, inclusive, como os exemplos apresentados neste livro indicam, cada tecnologia se atualiza em função da forma de apropriação criativa dos diferentes grupos sociais, e seus impactos na sociedade não são lineares nem previsíveis, podendo gerar novas formas de estratificação e fragmentação social.

Para compreender a exclusão digital é fundamental situá-la na perspectiva de seu lugar na dinâmica de cada sociedade e do sistema internacional, como um elemento no conjunto de bens e serviços que determinam a qualidade de vida, a desigualdade social e as chances de desenvolvimento econômico. Não são poucos os que argumentam que o problema da exclusão digital é irrelevante ou secundário, já que as novas tecnologias seriam um luxo de uma sociedade consumista e que a desigualdade deve ser combatida no lócus clássico das carências de alimentação, habitação, saúde e emprego. Este trabalho discorda de tal perspectiva, pois ela representa, como veremos nos próximos capítulos, uma visão estreita e elitista do mundo do consumo. Embora aceitemos que as novas tecnologias não sejam uma panacéia para os problemas da desigualdade, elas constituem hoje uma das condições fundamentais da integração na vida social; portanto, o combate à exclusão digital deve ser concomitante e articulado ao conjunto do elenco de políticas sociais de luta contra a desigualdade social.

Estrutura do livro

Tomando como exemplo as formas de apropriação criativa do telefone celular pelos grupos de baixa renda no Brasil, analisamos, no primeiro capítulo do livro, os equívocos e limitações das ciências sociais quando confrontadas com a questão do consumo. Argumentaremos que, embora certos objetos de consumo possuam uma dimensão puramente simbólica, pela qual as pessoas marcam seu status social, ou que a escolha de produtos possa ser influenciada pela publicidade ou por decisões individuais, a maioria dos produtos consumidos é pré-requisito da vida civilizada, de acesso a uma melhor qualidade de vida, ao emprego e à participação ativa na sociedade.

Boa parte da bibliografia sobre consumo e consumismo se concentra num número relativamente pequeno de produtos, deixando na penumbra a maioria dos objetos de consumo oferecidos pela sociedade contemporânea, que não se destinam a uma classe social específica, e cujo consumo não é produto da influência da publicidade ou de uma simples questão de opção individual. Os novos produtos de consumo são artefatos tecnológicos que se impõem como condição de integração social e transformam profundamente a sociedade.

A exclusão digital veio somar mais uma nova dimensão às diversas desigualdades preexistentes: a do acesso desigual ao conjunto de novos bens e serviços associados às novas tecnologias da informação e da comunicação. No segundo capítulo, mostramos que a desigualdade social é múltipla e interligada, e sua análise deve considerar tanto a desigualdade em relação à renda individual quanto em relação ao acesso de bens de consumo coletivo sob responsabilidade – direta ou indireta – do Estado. As diversas desigualdades não são estanques: elas se articulam entre si e se reforçam mutuamente. As políticas públicas e as iniciativas da sociedade civil devem confrontar as diversas formas de desigualdade social como um conjunto interdependente, o que exige a atuação simultânea tanto na esfera das carências mais básicas quanto na das mais complexas.

O papel das redes de comunicação – e a importância da informação e a "desmaterialização" do sistema produtivo – foi potencializado pela telemática, que constitui, hoje, um fator central da dinâmica social. A partir de uma descrição sumária das principais dimensões da sociedade da informação, no terceiro capítulo indicamos que a ênfase nos novos processos não autoriza deixar na penumbra as continuidades na organização social e o papel central que continuam a exercer as estruturas piramidais de poder (seja a burocracia pública ou as empresas) e os recursos materiais que elas mobilizam. O desafio da engenharia institucional do mundo contemporâneo é produzir uma integração virtuosa entre redes e pirâmides, entre o Estado e as ONGs, entre organizações nacionais e internacionais.

No quarto capítulo apresentamos os elementos constitutivos da exclusão digital. Indicamos que, sob o título de "exclusão digital", são tratadas diferentes questões relativas ao impacto social das novas tecnologias, que devem ser diferenciadas em termos de suas conseqüências sobre a desigualdade social, a luta contra a pobreza e o desenvolvimento econômico. A exclusão digital implica diversas dimensões, cada uma com seu impacto específico sobre a desigualdade social: a existência de infra-estruturas físicas de conexão, o acesso a equipamentos e à conexão individual, a alfabetização digital, a capacitação intelectual e o desenvolvimento de conteúdos específicos às necessidades dos setores mais pobres. No final do capítulo analisamos os principais problemas que as políticas públicas orientadas pela luta contra a exclusão digital, nos países em desenvolvimento, devem enfrentar para fazer um uso racional de recursos escassos.

No quinto capítulo analisamos a expansão das telecomunicações no Brasil, em particular do sistema de telefonia e Internet, dentro do contexto das transformações produzidas pelas privatizações e da criação de agências de regulação. Mostramos os alcances e limites das transformações realizadas na última década, a desigualdade no acesso aos novos sistemas telemáticos e seu impacto na sociedade e na área governamental.

As favelas representam, nas grandes cidades brasileiras, a principal concentração dos setores de população de baixa renda. Focalizando os temas de violência e consumo, apresentamos, no sexto capítulo, um panorama das favelas. Embora a noção de setores "excluídos" possa ter um certo valor metafórico, indicamos que, na prática, ela pode dar lugar a uma visão inadequada da vida dos setores urbanos mais pobres, pois transmite uma imagem de pessoas que ainda não foram incluídas na cultura, valores e expectativas dos demais segmentos da sociedade. Trata-se de uma visão errônea. Os habitantes das favelas compartilham as expectativas de usufruir dos mesmos bens que as classes médias já possuem, e fazem esforços constantes e, como veremos, muito bem-sucedidos, para obter bens de consumo intermediários. Embora a pobreza seja um dado central, o principal problema das favelas é a exclusão ou o limitado acesso a serviços públicos e, em particular, o descaso do poder público na área de segurança, o que permitiu que elas se transformassem em território colonizado por gangues de traficantes, que atuam geralmente em conúbio com a polícia e que tem levado a violência e morte entre os jovens a dimensões epidêmicas.

Na medida em que se cristaliza e assume proporções epidêmicas, a violência urbana não pode ser tratada como um simples subproduto da pobreza urbana. Ela passa a estar associada a problemas específicos de circulação de armas, de grupos de risco – adolescentes e jovens que, em geral, não completaram seus estudos e não encontram horizonte no mercado de trabalho –, de sistemas ineficazes e corruptos de segurança policial, que exigem um tratamento focal e diferenciado, sem que isso implique abandonar os problemas gerais que afligem as populações das favelas e dos bairros pobres.

A experiência do Viva Rio, uma ONG localizada no Rio de Janeiro, por exemplificar várias das teses aqui apresentadas, é a principal inspiração deste livro. No Brasil, são diversas as ONGs que desenvolvem experiências importantes de luta contra a exclusão digital. O Viva Rio sobressai pela variedade de seu campo de atuação, que converge no tema da Segurança Humana, isto é, o direito de viver uma vida sem medo da violência e da carência de bens básicos.

As características centrais das atividades do Viva Rio são sua visão multidimensional – social, econômica, educacional, cultural, ecológica, jurídica e segurança policial – dos problemas da luta pela melhoria das condições de vida dos habitantes da favela; seu pragmatismo e capacidade de mobilizar recursos públicos e privados sem vínculos partidários; sua competência na criação de modelos replicáveis e na procura constante de integrar suas atividades às políticas públicas – participando da democratização do Estado em vez de se contrapor retoricamente a ele; sua consciência da importância dos meios de comunicação; sua capacidade de trabalho em rede com outras ONGs; e, no campo da luta contra a exclusão digital, sua produção de conteúdos orientados às necessidades da populações urbanas mais carentes.

A variedade de temas desenvolvidos pelo Viva Rio indica a complexidade dos caminhos da luta contra a exclusão digital e mostra a necessidade de ela não ser tratada como uma área isolada das várias dimensões da desigualdade e a pobreza, como se as tecnologias da informação resolvessem por si sós os problemas sociais. Como mostram as experiências analisadas, se em certos casos a Internet pode ser o foco principal de atuação, ela não é necessariamente o instrumento mais adequado. Por vezes, as tecnologias "menos avançadas" são as mais eficazes no contexto da vida na favela e, em outros casos, a Internet é um acessório relativamente secundário.

Do capítulo sétimo ao décimo segundo são detalhados os principais campos de atuação do Viva Rio. A mesma sociedade que integra todos seus cidadãos nos valores de igualdade e nas expectativas de consumo não oferece os recursos e canais de comunicação efetivos para que as populações mais pobres possam, de fato, participar da vida democrática. As atividades do Viva Rio se orientam no sentido da reconstrução de uma nova forma de comunicação que permita a apropriação efetiva do sentimento de igualdade, através de novas práticas de valorização das comunidades carentes e de cada um de seus membros.

No capítulo oitavo mostramos o esforço de mudança e dignificação da auto-imagem com a criação de um portal dedicado à vida da favela. No capítulo seguinte apresentamos os diferentes espaços de comunicação criados no interior das favelas. Nos capítulos 10, 11 e 12 descrevemos as grandes áreas de atuação do Viva Rio, na formação e educação, na criação de emprego e fontes de trabalho e na luta contra a violência e desenvolvimento de uma cultura de direitos humanos. Como veremos, o Viva Rio tem mostrado uma grande capacidade de acompanhar e quantificar suas atividades, uma contribuição importante num contexto em que as informações sobre a exclusão digital estão repletas de anedotas de "experiências exemplares", mas que geralmente não são monitoradas nem seu impacto, quantificado.

Finalmente, no último capítulo, analisamos as lições extraídas da experiência do Viva Rio dentro de uma discussão mais ampla sobre relações entre Estado, ONGs e políticas sociais e desafios que impõem à exclusão digital a mobilização criativa das novas tecnologias da comunicação a serviço da luta contra a pobreza e a desigualdade social.

Quadro A – A longa marcha da globalização social

A globalização das sociedades é um processo de longa duração, desenvolvido no século XX sob a égide do capitalismo e da democracia liberal. Como tal, trata-se de uma história plena de contradições, na qual os direitos humanos – que constituem hoje a linguagem comum básica da humanidade – não podem ser dissociados dos processos econômicos, políticos e culturais do desenvolvimento capitalista que viabilizaram sua universalização.

Até a humanidade encontrar um novo modelo de sociedade, o desafio do mundo globalizado é controlar as dimensões destrutivas da mercantilização das relações sociais e da colonização de bens públicos por interesses empresariais, e assegurar que os governos nacionais – ainda a principal instituição capaz de organizar a coesão social e os direitos cidadãos – possam cumprir seu papel de regulador do interesse geral e de não permitir que a ordem internacional seja ditada pela vontade das maiores potências. Mas tal esforço só será eficaz na medida em que se reconheça o papel central, e em vários sentidos positivo, que ocupam na civilização moderna as relações mercantis.

Hoje, sem dúvida, é possível e necessário questionar e procurar limitar, em nome dos valores humanistas, os aspectos mais negativos da globalização, como o poder excessivo das empresas multinacionais ou do capital financeiro. Porém, tal questionamento, quando apresentado como um antagonismo entre as forças econômicas e políticas que promovem a globalização e os valores consubstanciados nos direitos humanos, leva seja a um discurso retórico e à impotência prática, ou ao abandono do quadro do pensamento iluminista, como é o caso do fundamentalismo religioso.

Como os exemplos deste livro indicam, é pela capacidade de extrair e fazer convergir os aspectos positivos das principais forças da civilização moderna que a globalização das sociedades se apresenta como o horizonte do pensamento humanista do século XXI, prenhe de desafios, perigos e esperanças.

I

O que é um telefone? Civilização capitalista e consumo

No Brasil, no início da década de noventa, uma linha de telefone celular custava doze mil dólares, e um aparelho dois mil. O número de pessoas que possuíam celulares era ínfimo, e os donos de um aparelho faziam questão de alardear sua posse, gesticulando sempre com ele na mão em situações públicas. Quase nunca era utilizado e, quando isso acontecia, sua utilidade estava em relação inversa a seu preço. Tratava-se antes de tudo de um símbolo de status social.

Quando, no fim dos anos noventa, os telefones celulares começaram a ser vendidos em grande escala pelas novas companhias resultantes da privatização do sistema de telefonia, com linhas oferecidas sem custo (enquanto as linhas fixas ainda chegavam a valer no mercado de 10 a 20 salários mínimos), tratava-se para muitos de um engodo. Lembro que numa aula no meu curso de sociologia os alunos argumentavam que as empresas de telefonia, através da publicidade, procuravam induzir o povo a comprar um produto desnecessário, de uso individual, no lugar de expandir a telefonia fixa, de uso familiar e com custos por ligação muito menores. Quando argumentei que a expansão da telefonia celular era espetacular, que não deveríamos supor que o povo é facilmente manipulado e que o fenômeno devia ser explicado e não deduzido dos preconceitos ideológicos em relação ao governo da época, criou-se um ambiente tenso, polarizado, que rompi propondo uma pesquisa sobre os usos da telefonia celular entre os grupos de baixa renda.

Os resultados da pesquisa foram, para mim, inclusive, surpreendentes. O telefone celular significou para os entrevistados um instrumento importante para melhorar suas perspectivas de renda e trabalho. Numa cidade como o Rio de Janeiro, onde mais da metade da população – e nos setores de baixa renda, a maioria – se encontra no setor informal, isto é, composto por trabalhadores autônomos sem vínculos empregatícios, realizando serviços ad hoc, o telefone é fundamental para ser localizado, potencializando enormemente as chances de trabalho. Com o telefone celular, carpinteiros, pintores, bombeiros, faxineiras, marceneiros, chaveiros, pedreiros, manicuras, motoristas de táxi aumentaram enormemente as possibilidades de serem localizados para realizarem um serviço.

Até a chegada do telefone celular para os trabalhadores informais, o único meio de contato era geralmente o telefone da casa de algum vizinho, que fazia o favor de anotar recados. Poderia se argumentar que, ainda assim, para estes setores, o telefone fixo era mais conveniente, pois a ligação é mais barata que a do telefone celular. Mas não era o caso. Mesmo quando posteriormente foi possível o acesso, sem custos, à telefonia fixa, os setores de baixa renda continuaram a adquirir telefones celulares. A razão é simples: o telefone fixo não possui as qualidades de mobilidade que oferece o telefone celular. O trabalhador autônomo pode ser chamado no lugar em que se encontra e assim maximizar o uso de seu tempo. Isso também facilitou o trabalho, por exemplo, de mães de setores de baixa renda – como as faxineiras que realizam a limpeza em organizações ou empresas que não lhes permitem o uso do telefone fixo – que ficam mais tranqüilas em deixar seus filhos pequenos com algum vizinho que pode chamá-las em caso de necessidade.

Permanecia a questão dos custos: a chamada de um celular e a assinatura é mais cara quando feita a partir de um telefone celular. A resposta dos setores de baixa renda foi simples: optaram por celulares pré-pagos, sem mensalidade fixa (embora se exija a compra de um cartão que deve ser usado num prazo determinado, o que implica um custo mínimo). Ora, as chamadas telefônicas a partir de um celular pré-pago são muito mais caras que aquelas realizadas por um celular pós-pago, mas a resposta foi simples: o celular passou a ser usado somente para receber mensagens. Quando se faz necessário realizar uma chamada, fora dos casos de urgência, usa-se um telefone público.

A expansão da telefonia celular no Brasil nos últimos anos foi impressionante. Ela passou de 800 mil linhas em 1994, para 32 milhões no final de 2002. A partir de 2001, porém, as projeções de universalização da telefonia celular começaram a se mostrar excessivamente otimistas. As empresas diminuíram seus projetos de expansão, e atualmente a expectativa é de que somente um terço da população brasileira chegue a ter um telefone celular nos próximos anos. O que aconteceu? A barreira da distribuição de renda se impôs. Os grupos de menor renda não conseguem arcar nem mesmo com um telefone pré-pago. Como veremos nos próximos capítulos, o mercado faz, por vezes, maravilhas, mas, a partir de certos patamares de renda, os setores mais pobres da população precisam da alavanca da intervenção estatal para ter acesso a serviços de utilidade pública.

O telefone celular é um excelente exemplo das diversas dimensões que devem ser levadas em conta quando analisamos o impacto social de um produto ou serviço consumido na sociedade contemporânea. Como mencionamos anteriormente, o telefone celular, da mesma forma que o telefone fixo, era um objeto de consumo conspícuo no início, isto é, basicamente estava a serviço da ostentação social, era um marcador de classe ou status da pessoa que o possuía. A dimensão inicial, de status social, não desapareceu, e a indústria telefônica continua lançando periodicamente novos produtos, mais caros, nos quais, em geral, são introduzidas pequenas modificações de design e função, de forma a permitir, aos grupos de maior renda, a "sensação" de que podem usar o telefone também como um diferenciador social.

A expansão da telefonia exemplifica o chamado *ciclo do produto*, no qual, inicialmente, ele é lançado com um baixo número e unidades, a um preço elevado; posteriormente, sua produção é massificada, o que permite a redução drástica do preço. Tal processo é concomitante ao *ciclo social do produto*, pelo qual o novo bem só atinge, inicialmente, os grupos de alto poder aquisitivo para, posteriormente, com a redução do preço, banalizar-se seu consumo pela disseminação entre todos os setores da população. A dinâmica da inovação tecnológica que se expressa no ciclo social do produto é, pois, em geral, um processo que num primeiro momento reforça a desigualdade social, já que atinge em primeiro lugar os setores de maior renda, para, em seguida, através da massificação, se transformar num fator democratizador ou, pelo menos, de renivelamento social.

O *ciclo internacional do produto*, isto é, a recepção e divulgação em escala internacional de novos produtos, não apresenta nos países em desenvolvimento o mesmo tipo de ciclo social. Muitos produtos só chegam a disseminar-se primeiro entre as classes altas e depois nas classes médias, não atingindo as camadas de menor renda ou demorando longos prazos para alcançá-la. Na medida em que o ciclo não se completa, isto é, as novas facilidades só ficam à disposição de certos setores da população, a inovação tecnológica leva à cristalização de novas formas de desigualdade social.

A dinâmica do ciclo social do produto determina muitas vezes a utilidade do próprio produto, uma vez que sua difusão é condição de sua funcionalidade prática, seja pela disponibilidade de infra-estruturas que permitam sua utilização, seja pela existência de outros usuários com quem interagir (como é o caso das ruas asfaltadas e estradas, cujo desenvolvimento depende de um número mínimo de proprietários de carros, ou da existência de uma rede mínima de usuários, no caso da telefonia).

Civilização capitalista e consumo

Nas últimas décadas, a teoria sociológica sobre a sociedade de consumo concentrou-se na análise dos objetos de consumo como se fossem um sistema simbólico, um tipo de linguagem que permitiria definir posições na sociedade, na qual eles seriam símbolos de status social. Assim, o valor de uso dos produtos não seria dado pela sua utilidade material, mas por sua capacidade de marcar distinções sociais. A diferenciação dos produtos acompanharia a desigualdade entre grupos sociais, e as classes médias e altas, em particular, marcariam seu status através de objetos e de uma estética própria, aos quais só elas teriam acesso.

Tais teorias, que associam consumo à estratificação social, evidenciam uma dimensão efetiva do consumo, em particular daqueles produtos veiculados pela publicidade. Trata-se, contudo, somente de uma das dimensões do ato de consumir na sociedade moderna, em vários sentidos secundária, e que, tomada unilateralmente, leva a obliterar o fenômeno central que caracteriza os objetos de consumo na sociedade contemporânea: a maioria dos produtos de consumo condensa conhecimento científico e tecnológico e o acesso a eles é condição de integração na vida civilizada, tanto em termos de qualidade de vida como de chances de inserção na sociedade em geral e no mercado de trabalho em particular. O consumo como mecanismo de distinção social se dá nas margens do sistema produtivo, e a publicidade se concentra fundamentalmente na promoção de marcas de produtos e não no que será consumido. Muitos produtos de consumo nem chegam a aparecer como tais, transformados em verdadeiras commodities, como a água tratada, a eletricidade ou o telefone fixo – que inicialmente também era objeto de consumo conspícuo, um artefato de alarde social.

A crítica à macdonalização do mundo e ao papel alienante das logomarcas, exemplificadas pela Nike, refere-se a aspectos bastante limitados do mundo do consumo. Para as populações mais pobres do planeta, a globalização não é a expectativa de comer no MacDonald ou usar Nike, mas de ter, além de comida, acesso a água, eletricidade, eletrodomésticos, rádio, televisão, telefone, Internet, antibióticos, livros, cinema, toca-CD, carro, viagens de turismo e todos aqueles produtos e serviços dos quais nenhum indivíduo antiglobalização se privaria, pois são todos bens que asseguram a qualidade de vida de uma pessoa contemporânea. São estes os produtos que fazem que a qualidade de vida material de uma pessoa rica, por exemplo na França, de dois séculos atrás, seja inferior a de uma pessoa pobre no mesmo país hoje. Seja para enfrentar uma dor de dentes, uma infecção (no século XIX, Nathan Rotchild morreu pela impossibilidade de tratar de um furúnculo), ter acesso à informação, parir filhos com maiores chances de vida, deitar numa cama confortável ou ter um bom sistema de calefação ou ar condicionado para enfrentar o inverno e o verão, os bens de consumo se impõem por facilitar a vida e não pela lavagem cerebral da publicidade.

A civilização capitalista de consumo apresenta enormes problemas, mas os principais se localizam em outras dimensões: no impacto sobre o meio ambiente e nas relações entre as tecnologias avançadas e a democracia e a ética – como no caso da engenharia genética, que envolve decisões sobre o controle e a mercantilização da vida e possíveis efeitos de mutação da espécie humana – ou no uso das tecnologias da informação, com seu potencial de destruir a privacidade e a intimidade das pessoas.

A falta de teorias compreensivas sobre as relações entre consumo e sociedade caracteriza o conjunto das ciências sociais. A economia, com seu foco quase exclusivo na produção, reduziu o consumo a uma questão de opção pessoal, na qual o consumidor é livre para escolher a partir de suas prioridades pessoais. Nas últimas décadas, os economistas procuraram desenvolver teorias setoriais sobre o consumo, mostrando, por exemplo, como o nível de consumo/poupança está relacionado ao ciclo de vida, ou hipóteses gerais que indicam que os indivíduos estruturam seu consumo a partir da prioridade às necessidades básicas (por exemplo, alimentação) para depois satisfazerem necessidades consideradas secundárias. São esforços relevantes mas parciais, e as ciências econômicas ainda estão longe de uma teoria sobre o consumo que tenha uma abrangência e capacidade explicativa que se aproxime daquela desenvolvida para explicar a lógica do sistema produtivo.

As dificuldades encontradas pelas ciências sociais ao analisar o papel do consumo na civilização capitalista têm sua origem num erro de ótica, num falso ponto de partida que separa e opõe produção e consumo. Ao tratarem ambas as esferas como realidades autônomas, procuram explicações específicas para cada uma. Contudo, o consumo é parte constitutiva do sistema produtivo, não só porque dá vazão à produção, mas porque a maioria dos produtos consumidos transforma o contexto de produção, os trabalhadores e a sociedade. Um dos grandes erros analíticos de Marx, que procurou relacionar produção e consumo, foi reduzir o trabalho a mais uma mercadoria. Não compreendeu que se trata de uma mercadoria particular, não só com consciência e capacidade de reivindicar seu valor de mercado, mas porque é uma mercadoria que se transforma à medida que consome outras mercadorias.

Quando introduziram a noção de "capital humano", os economistas deram um primeiro passo no sentido de reconhecer que o investimento num bem de consumo, a educação, influencia o processo de produção, tanto diretamente, aumentando a produtividade, como indiretamente, promovendo a inovação científica e tecnológica. Entretanto, o capital humano é só um dos mecanismos pelos quais os produtos consumidos afetam a produção. Os produtos de consumo afetam diretamente o sistema produtivo, transformam a sociedade e se impõem como imprescindíveis à vida social à medida que reduzem as doenças, aumentam a longevidade, facilitam a locomoção, permitem a comunicação dos trabalhadores com seu mundo privado e diminuem o tempo de trabalho no lar.

Em síntese, os produtos de consumo, em particular na sociedade capitalista – mas isso vale para toda a história humana –, incorporam e condensam tanta tecnologia e conhecimento humano como os instrumentos usados no processo de produção. As relações sociais são transformadas pelo consumo tanto quanto elas são transformadas pelas relações de produção. O telefone é um exemplo da multiplicidade de efeitos econômicos, sociais e culturais que um bem de consumo pode gerar.

O que é um telefone celular?

Da mesma forma que certas tecnologias podem transformar os sistemas produtivos, isto é, possuem uma capacidade de penetrar nas mais diversas dimensões da organização do trabalho e da produção, certos produtos de consumo, especialmente aqueles que estão embebidos de tecnologia, afetam os mais diversos padrões de sociabilidade. A simples passagem do telefone fixo ao celular, inclusive se nos restringirmos à vida privada, oferece-nos um bom exemplo de como um produto de consumo atua tanto no sentido de aumentar as possibilidades de individualização quanto de intensificar o controle social.

Enquanto o telefone fixo, no lar, era utilizado de forma coletiva por toda a família, mesmo nos lares que possuíam mais de uma linha, o aparelho celular é de uso individual. O telefone fixo permitia o controle das chamadas telefônicas dos membros da família entre si, já que qualquer um atendia o telefone (a pergunta clássica quando alguém chegava em casa era "alguém me ligou?"), além de seu uso ser fonte de crise familiar, especialmente quando as crianças chegavam à adolescência e se penduravam por horas ao telefone.

O telefone celular, pelo contrário, é de uso individual, o que permite uma maior individualização com a eliminação do controle das chamadas por outros membros da família, aumentando os espaços de comunicação não controlada. As crianças e adolescente podem se comunicar sem que os pais saibam quem ligou, e todos podem falar em espaços sem que maridos, esposas, pais e mães possam estar ouvindo a conversa. Por outro lado, o fato de a pessoa estar o tempo todo com o seu celular permite que ela seja "acessada" em qualquer lugar. Cria-se, portanto, um novo potencial de controle social e perda de privacidade. (Inclusive, uma das razões da disseminação do telefone nas classes médias foi a compra de aparelhos pelos pais para seus filhos adolescentes, com o objetivo de mantê-los sob controle "a distância".)

Quando alguém ligava para um telefone fixo, a primeira pergunta era "Como vai, tudo bem?". No celular, a primeira pergunta é "Onde você está?". Anteriormente "encontrar" alguém através do telefone implicava automaticamente saber onde ele estava. O telefone celular permitiu separar a comunicação falada do espaço onde a pessoa se encontra, ou, dito de outra forma, para localizar uma pessoa não é preciso saber onde a pessoa está localizada. Com o celular, o ato de localizar alguém não permite identificar onde a pessoa se encontra no espaço: a comunicação foi "des-localizada". Mas essa possibilidade, que limita o controle sobre a privacidade das pessoas, possivelmente será eliminada no futuro uma vez que todos os telefones possuirão câmeras que transmitirão a imagem do lugar em que a pessoa se encontra, além de contarem com sistemas de GPS (Geographic Positioning System), que identificam com exatidão o local onde se encontram tanto quem ligou quanto quem recebe a chamada.

Na esfera do trabalho, o telefone celular permite que as pessoas possam ser localizadas a qualquer hora e em qualquer lugar, o que – como veremos mais adiante –, com a Internet e a tendência à "flexibilização" do trabalho, tem significado o fim da separação entre trabalho e vida privada. No lugar do anunciado "fim do trabalho", o que temos é uma crescente colonização do espaço privado e da intimidade pela constante invasão de chamadas e envios de mensagens fora do horário de trabalho.

Quadro B – Necessidade e consumo

Por trás de boa parte da crítica social ao consumismo da sociedade contemporânea se encontra a visão de que existem "necessidades reais", verdadeiras, enquanto outras seriam produto da publicidade e de uma sociedade dominada pelo exibicionismo e pela ostentação.

A antropologia já se ocupou de criticar a noção de que o consumo pode ser reduzido a uma visão naturalista, pois a cultura permeia sempre o gosto e define os produtos culturalmente adequados (por exemplo, não é "natural" que certas sociedades prefiram carne de vaca a carne de cachorro ou o contrário). A antropologia também mostra que os objetos consumidos não são apenas instrumentos de distinção social dos grupos dominantes, mas são utilizados, igualmente, como forma de marcar identidade de qualquer grupo ou mesmo como forma de protesto social.

Embora a futilidade e a ostentação tenham sempre caracterizado e continuem a caracterizar a vida das classes dominantes, a sociedade moderna é uma sociedade de consumo não porque a massificação tenha levado o conjunto da sociedade a introjetar a necessidade de consumir cada novo produto lançado pela indústria e promovido pela publicidade, mas porque os produtos de consumo são, em sua maioria, condição de acesso à saúde, à educação, ao trabalho e à sociabilidade.

Na sociedade moderna, as conseqüências sociais do consumo não se reduzem à utilidade específica que leva a sua incorporação pelos usuários; elas têm muitas vezes efeitos inesperados ou paradoxais quando se disseminam no conjunto da sociedade. Assim, o carro individual facilita o transporte de um lugar a outro, mas, hoje, em muitas cidades o excesso de carros, sem que se mencionem os danos da poluição sonora e atmosférica, contribui para o uso da bicicleta como forma de deslocamento mais rápido. Novos medicamentos podem salvar vidas, mas os efeitos sobre o patrimônio genético da humanidade podem ser nefastos; assim como novas sementes que podem aumentar a produtividade poderão afetar de maneira irreversível a biodiversidade. Ou, como veremos no caso da sociedade da informação, bancos de dados que contêm a história médica do paciente ou compras por cartões eletrônicos que substituem o dinheiro podem ajudar a salvar vidas ou a diminuir o risco de circular com dinheiro, mas geram informação sobre a vida privada do usuário, o que pode significar um controle de sua intimidade.

De todas as formas, em face das críticas elitistas da sociedade de consumo, é sempre importante lembrar que a maioria dos produtos de consumo são usados porque, no contexto da sociedade contemporânea, eles são úteis. Representam tecnologias que potencializam a qualidade de vida e a interação social e, a partir de um certo grau de disseminação, não os incorporar significa o ostracismo social (como, por exemplo, não possuir telefone, ou, cada vez mais, como veremos, não ter um endereço de e-mail).

II

Os caminhos da desigualdade social

O capitalismo contemporâneo é produto da ação combinada e contraditória de dois princípios estruturantes: por um lado, a liberdade e iniciativa individuais, cristalizadas nas instituições da propriedade privada, da liberdade de contrato entre agentes livres e do mercado como sistema de organização de trocas; por outro lado, a valorização da igualdade, expressa nas noções de cidadania e de nação como uma comunidade solidária que deve assegurar a seus habitantes um conjunto mínimo de condições de vida e de chances de participação na sociedade.

Enquanto o primeiro princípio indica que cada pessoa deveria adquirir no mercado os bens e serviços de acordo com suas posses e opções pessoais; o segundo exige algum tipo de intervenção no sistema distributivo, de forma a assegurar para todos os cidadãos o acesso a um mínimo de bens e serviços considerados básicos num dado momento histórico. Na prática, ambos os princípios convivem de forma contraditória em todas as sociedades capitalistas, e o resultado do conflito e síntese desses princípios definirá o perfil específico de cada sociedade nacional. Importa ressaltar que se trata de princípios associados a valores que convivem simultaneamente na modernidade, e que não existe uma fórmula científica que resolva a questão, cuja solução dependerá a cada momento da luta política e da elaboração de soluções e argumentos criativos com capacidade de convencer a maioria da sociedade. Para o Estado democrático a coexistência de dois princípios organizadores do capitalismo apresenta o permanente desafio de definir o modelo mais adequado de regulação e intervenção pública na produção, distribuição e consumo de bens e serviços.

Na história do capitalismo, as lutas sociais por maior igualdade organizaram-se em torno de dois eixos: pela redistribuição da riqueza entre empregados e empregadores, permitindo um aumento da renda individual dos trabalhadores, e pela expansão e universalização dos serviços públicos. Como as relações entre Estado e mercado se modificam permanentemente e divergem de país para país, faremos a seguir uma apresentação forçosamente simplificada das relações entre desigualdade social e bens públicos, para identificar o lugar específico ocupado pela exclusão digital.

O mundo do consumo: tipos de relação Estado-mercado-consumidor

Em linhas gerais, os bens de consumo podem ser divididos em dois tipos: bens de consumo individual e bens de consumo coletivo. Os bens de consumo individual são aqueles que cada indivíduo escolhe comprar em função de suas opções pessoais. Os bens e serviços de consumo coletivo são aqueles cujo acesso a sociedade, em cada momento histórico, considera ser condição de cidadania; e, por isso, não podem ser abandonados à lógica distributiva do mercado exigindo, portanto, a intervenção pública. Sob a ação pública, os bens coletivos podem perder a qualidade de bem mercantil ou, em certas circunstâncias, eles podem ser produzidos e/ou distribuídos pelo mercado, mas sob controle ou supervisão do poder público. Em todos esses casos, o Estado deve intervir, seja orientando os investimentos, seja subsidiando ou controlando os preços, de forma a assegurar o acesso universal aos bens de consumo coletivo, independentemente da renda individual. Embora os economistas procurem definir certos traços ou qualidades que caracterizem um bem de utilidade pública (public utility) ou um bem social (social good), não existem critérios que possam distinguir, no mundo real, bens públicos ou privados em estado puro. O que é, ou deveria ser, um bem público depende do debate público e dos valores de cada sociedade, que decide, a cada momento histórico, quais são os produtos e serviços de interesse comum, cuja proteção ou acesso devem ser assegurados.

Nos últimos anos, começou a se debater um novo conceito de bens de consumo coletivo, os denominados bens comuns globais (global social goods). Trata-se de bens que não podem ser delimitados às fronteiras nacionais ou cuja falta de acesso num país afeta a qualidade de vida em outros (como por exemplo, a proteção ao meio ambiente, o controle de epidemias, mas também a livre circulação internacional de idéias e informações). Os "bens comuns globais" representam a contraparte e a complementação da visão que promove a liberação dos mercados e a circulação global das mercadorias. Se o mundo globaliza a economia, este processo deverá concomitantemente estar acompanhado pela globalização de pelo menos uma parte dos bens de consumo coletivo. Tal conceito possui um enorme potencial prático e político, mas deverá passar por uma ampla discussão sobre os mecanismos de governança global que poderão assegurar a efetiva criação de um espaço mundial de bens públicos globais.

Podemos identificar, nas sociedades nacionais contemporâneas, quatro tipos de bens de consumo coletivo. O primeiro núcleo é constituído por serviços públicos ligados às instituições básicas do governo e cujo acesso é totalmente dissociado de seu pagamento. Estes bens incluem os serviços básicos do Estado, como a polícia, o poder judiciário e os serviços associados aos órgãos do poder executivo e poder legislativo. São serviços que, por sua própria natureza, exigem a separação completa entre a oferta e o cidadão, de forma a assegurar o tratamento igualitário e universal. O financiamento destes serviços, executados por funcionários públicos de carreira, é realizado por vias indiretas, através do sistema impositivo.

Um segundo grupo é constituído por serviços públicos coletivos indivisíveis e, em geral, monopólicos – iluminação pública, serviços de limpeza, manutenção de ruas e estradas, parques e jardins, bombeiros, meio ambiente –, geralmente de responsabilidade do poder local, financiados por impostos ligados por vezes à moradia e podem ser realizados tanto por empresas públicas ou privadas, concessionárias do poder público.

Um terceiro grupo é formado por bens e serviços coletivos, naturalmente não-monopólicos, constituídos por setores cujo acesso nas sociedades modernas passaram a ser considerados condição de cidadania: saúde, educação (pelo menos educação básica), aposentadoria e, de forma mais marginal, moradia. Financiados igualmente por impostos diretos e/ou contribuições de empresas e trabalhadores, estes bens e serviços podem ser oferecidos tanto por instituições públicas como privadas – com ou sem fins lucrativos. Quando assumidos diretamente pelo Estado, tais serviços geralmente convivem com serviços na mesma área de caráter privado, isto é, orientados ao consumidor individual (empresas privadas de saúde, educação e seguros).

Finalmente, um quarto núcleo de bens de consumo coletivo está constituído por bens e serviços ligados a redes e/ou recursos naturais, que ocupam um espaço finito (seja de solo e subsolo urbano, de recursos hídricos, de espectro de ondas ou espaço aéreo), que garante a seus detentores uma posição monopólica ou oligopólica em relação a produtos e serviços cujo acesso é considerado essencial ou de interesse público (água, eletricidade, esgotos, saneamento básico, rádio, televisão, transporte, telefone). Estes bens de consumo coletivo podem ser oferecidos tanto por empresas públicas ou privadas, que recebem concessões de exploração do Estado. Sejam eles oferecidos por empresas privadas ou públicas, em ambos os casos o Estado é responsável por assegurar a qualidade e preço dos serviços e a universalização das redes. Embora estes serviços sejam em geral pagos pelo consumidor individual (ou em certos casos por taxas), o acesso efetivo a eles depende da extensão do alcance das redes a cada lar e da razoabilidade dos preços, sobretudo para os setores de menor renda. Enquanto nos tipos anteriores de bens de consumo coletivo a diferente capacidade de cada cidadão de contribuir para financiá-los é enfrentada com um sistema impositivo no qual a contribuição se dá em proporção inversa à renda, no caso de bens e serviços de rede o instrumento compensatório utilizado geralmente é o subsídio cruzado, pelo qual certos consumidores (por exemplo, moradores de lugares mais valorizados, ou empresas) pagam um preço mais alto, de forma a permitir que outros consumidores paguem menos pelo mesmo serviço.

A este conjunto de bens e serviços regulados pelo Estado e que afetam as condições de igualdade social – pois dissociam parcial ou totalmente o acesso ao bem da renda pessoal, devem ser somadas as políticas redistributivas, entre as quais se incluem, em particular, os sistemas de seguro desemprego, serviços sociais, apoio à invalidez, políticas de renda mínima, de distribuição de alimentos e de moradia subsidiada.

A questão central da sociedade contemporânea é que a introdução de novos produtos de consumo que afetam a qualidade de vida implica a mudança do patamar civilizatório que define os bens mínimos necessários para a vida em sociedade. Neste sentido, cada inovação tecnológica relevante nos produtos de consumos modifica a percepção de inclusão/exclusão social em função da possibilidade de acesso aos novos produtos. Redefine-se, assim, o universo de bens e serviços que exigem algum tipo de intervenção estatal. Noutras palavras, a pobreza e, portanto, a luta contra ela, é dinâmica e exige constantes esforços de readaptação dos instrumentos de políticas sociais às cambiantes condições do mundo atual.

Uma tipologia de bens de consumo individual excede os limites deste trabalho, mas é fundamental compreender a profunda articulação que eles mantêm com os bens de consumo individual. Os diferentes bens e serviços individuais e coletivos não são dissociáveis. A política de saúde pública tem muitas vezes como principal problema a falta de esgoto e água tratada, principal causa das doenças infantis em bairros pobres. A maioria dos bens de consumo individual depende do acesso prévio a bens de consumo coletivo. Para o indivíduo poder usufruir de aparelhos eletrodomésticos é preciso que ele seja servido de rede elétrica, assim como para possuir uma linha telefônica fixa, água encanada ou esgoto é igualmente necessário que tenha acesso às respectivas redes.

A nova onda de produtos telemáticos possui características novas, ou menos presentes na antiga onda de produtos de consumo de massa. Em primeiro lugar, a telemática é, além de interativa (como o telefone), pró-ativa.

feministas, homossexuais, negros e grupos étnicos – que argumentavam que a sociedade não podia ser considerada como se fosse constituída por um conjunto homogêneo de indivíduos, e que a desigualdade social deveria ser analisada levando-se em consideração a posição relativa de cada grupo identitário.

A nova ênfase dos estudos sobre desigualdade social que leva em consideração os chamados grupos identitários, se, por um lado, ampliou a percepção da complexidade da luta contra a desigualdade, por outro lado produziu novas distorções, em particular em relação a grupos sociais sem uma representação simbólica e sem movimentos reivindicatórios específicos. Assim, por exemplo, são os jovens de gênero masculino os que, como veremos adiante, mais sofrem com a falta de uma política de segurança; são os adultos desempregados na faixa entre quarenta e cinqüenta anos que têm maiores dificuldades de reciclagem e reintegração no mercado de trabalho; são as crianças de pouca idade as mais dizimadas por falta de serviços de água e esgotos. São todos grupos sociais com pouca capacidade de projetar seus interesses no campo político.

A progressiva ênfase nos problemas específicos de certos grupos pode levar a uma fragmentação da luta contra a desigualdade social, que é colonizada crescentemente por grupos de pressão particularistas, que podem distorcer as políticas públicas e, com isso, limitar a definição de estratégias compreensivas para o conjunto da sociedade.

III

O que é a Sociedade da Informação? Pirâmides e redes

A "Sociedade da Informação" é hoje a denominação mais usual para indicar o conjunto de impactos e conseqüências sociais das novas tecnologias da informação e da comunicação (telemática). Embora útil como conceito identificador de um tema, não constitui uma teoria ou um arcabouço explicativo da dinâmica das sociedades no mundo contemporâneo, e, em sentido estrito, é incorreto. Em primeiro lugar, porque em todas as sociedades a informação é relevante. Em segundo lugar, porque a informação por si mesma não tem valor algum; sua relevância depende de sua inserção num sistema de produção de conhecimento. Nesse sentido, o conceito, também bastante disseminado, de "sociedade do conhecimento" (*knowledge society*) seria mais adequado. Mas aqui, novamente, estaríamos nos esquecendo de que todas as sociedades se fundam no conhecimento. Na prática, o conceito de "sociedade de conhecimento" refere-se a um certo tipo de conhecimento, o conhecimento científico, a partir do qual se desenvolve a capacidade de inovação tecnológica, principal motor da expansão econômica no mundo contemporâneo. Do ponto de vista sociológico, talvez fosse mais adequado falar de sociedades capitalistas de consumo de bens tecnológicos, isto é, sociedades em que a comunicação, a qualidade de vida e as relações econômicas e sociais são mediadas por artefatos tecnológicos (na forma de serviços e produtos) que incorporam conhecimento científico.

Como os processos associados à "sociedade da informação" se encontram em fase inicial, muitos analistas confundem tendências, extrapolações e especulações com a realidade atual. Certos exageros argumentativos cumprem uma função importante de divulgação e ampliam nosso campo de percepção e sensibilidade a fenômenos novos. Contudo, é importante, em particular quando se trata de aplicar recursos escassos em políticas sociais, focalizar tanto as continuidades como as descontinuidades, o novo como o velho, sem extrapolar de forma descuidada para experiências de outros contextos, lembrando que o mundo não é uma Califórnia e que cada terra tem seus próprios nutrientes, carências e cultivares.

Internet na convergência das transformações sociais

A ênfase unilateral no impacto da Internet pode criar a percepção de um corte radical, no qual ficam de lado as continuidades entre as novas e as "velhas" formas de organização da sociedade, antes do advento das novas tecnologias da comunicação. Não devemos, contudo, nos esquecer de que o computador já vem marcando sua presença na sociedade há várias décadas e seu impacto nos anos setenta e oitenta já era amplamente discutido antes da disseminação da Internet. Por sua vez, a Internet representa uma nova tecnologia da comunicação que vem se agregar a uma longa lista de instrumentos de transmissão de voz e imagem que foram modificando a comunicação na sociedade contemporânea: o telégrafo, o telefone, o telex, o rádio, a televisão e o fax.

A importância da telemática – cujo sistema mais difundido é a Internet – é enorme, pois permitiu a convergência de duas atividades centrais da vida social: a manipulação de conhecimento e a comunicação. A informática representa a possibilidade de armazenar, organizar e processar uma quantidade enorme de informação num espaço ínfimo e numa velocidade que praticamente elimina o tempo, revolucionando a capacidade humana – e das máquinas – de trabalhar com informação. As novas tecnologias da comunicação, ao permitirem a comunicação instantânea entre computadores, em escala mundial, de voz, texto ou imagem, disponibilizam cada vez mais informação a um custo cada vez menor.

A conjunção das duas tecnologias criou a telemática, que através de um conjunto de protocolos – dos quais o mais difundido e utilizado na Internet é o TCP/IP – possibilita a comunicação entre computadores. A Internet é, portanto, uma rede de redes de computadores, comunicados entre si em tempo real, que permite que qualquer informação, em qualquer parte do planeta, esteja quase instantaneamente disponível em qualquer outro lugar. Assim, a informação e a comunicação deixaram de estar espacialmente localizadas, isto é, foram transferidas para o "espaço virtual" (denominado de ciberespaço), possibilitando o contato simultâneo de inúmeras pessoas entre si e com a memória do conjunto dos computadores participantes da rede, independentemente de sua localização no espaço.

A Internet surge num momento em que o capitalismo passava por uma profunda transformação do sistema produtivo e social, na qual ela funciona como catalisador, acelerador, potencializador e reordenador. É importante, contudo, enfatizar que a telemática, per si, não é condição suficiente para tais transformações nem foi sua condição necessária. O esquecimento da história social recente do capitalismo tem levado vários autores a um determinismo tecnológico, à glamourização da Internet e a uma visão irrealista das condições sociais dentro das quais a telemática funciona e impacta nas pessoas. Vale a pena, portanto, indicar, ainda que rapidamente, estas transformações que se desenrolam já faz algumas décadas, e que antecedem a chegada da Internet, para contextualizar seu impacto específico:

1) A transformação do setor de serviços no núcleo dinâmico do sistema produtivo, em que a capacidade de inovação tecnológica e o controle do conhecimento a ela associado são as principais fontes de valor agregado e de dinamização das cadeias produtivas. Nesse sentido, a telemática não é a desencadeadora da chamada sociedade da informação e do conhecimento, mas um acelerador e vetor de um processo que lhe antecede.

A valorização do conhecimento como principal fonte de criação de valor, num mundo em constante mutação, transforma a aprendizagem num processo de formação permanente, pela necessidade de atualizar e adaptar a formação profissional original às exigências dos novos conhecimentos e transformações tecnológicas.

Ao colocar boa parte do conhecimento humano no espaço virtual, facilitar o intercâmbio e expressão de idéias em tempo real e ao desenvolver cursos on-line, a Internet permite romper uma das barreiras que limitavam e cercavam o acesso e a transmissão de informação. Mas a Internet não substitui o capital humano, produto de enormes investimentos de longa duração, em laboratórios, centros de pesquisa e empresas, nos quais o conhecimento científico é produzido, transformado em tecnologia e finalmente em produtos de consumo.

2) Como o conhecimento é o principal agregador de valor, produziu-se uma tendência conhecida como a desmaterialização da produção. A desmaterialização da produção indica um duplo processo, no qual: a) o conhecimento adicionado é o principal componente no valor do produto final e o custo dos insumos físicos é cada vez menor; b) os bens e serviços mais dinâmicos da economia são aqueles que transmitem (como no caso de bens ligados à indústria cultural) ou condensam e incorporam (por exemplo, medicamentos, sementes geneticamente modificadas) informação, e o peso (na sua dupla acepção) do suporte material é insignificante. A Internet

radicalizou tal processo na medida em que valorizou todos os produtos transformáveis em informação, em particular os produtos financeiros e da indústria cultural.

A desmaterialização do mundo não implica, e sobre este ponto retornaremos no final do capítulo, o desaparecimento do substrato material da vida social, a começar pelas próprias infra-estruturas de informação.

3) Aprofundou-se a tendência à flexibilização do trabalho e da produção, associada em parte aos processos anteriores, em particular à valorização do conhecimento como fonte de geração de riqueza, que exige uma maior autonomia e criatividade e a reorientação do sistema produtivo. A reorientação se deu no sentido de personalizar os produtos e serviços ao consumidor, de transformações na legislação trabalhista e de novas formas de gestão das empresas, com a valorização da participação dos empregados no processo de trabalho e no controle da qualidade. Aqui, novamente, a Internet participa dos processos de mudança nas novas formas de gestão das empresas, na flexibilização e descentralização da produção e do processo de trabalho.

4) Aumentou a importância da chamada nova economia, constituída pelas empresas associadas às novas tecnologias, em particular na área de telecomunicações, audiovisual, biotecnologias e farmacêutica. A característica principal das empresas da nova economia estaria dada por sua capacidade de inovação tecnológica permanente, que transforma conhecimento em produtos e serviços. São empresas – especialmente aquelas dedicadas exclusivamente a pesquisas e a serviços virtuais – cujo valor de mercado não possui relação com o faturamento real, mas é determinado pelo potencial futuro de vendas se o produto/serviço inventado for aceito pelo mercado. A nova economia transforma parte considerável do investimento em capital de risco, já que ele é realizado em função de uma expectativa de um ganho potencial, de alto risco, que pode ou não se concretizar. A Internet, pela quantidade de novos produtos associados à comunicação e computação, expandiu enormemente a nova economia.

5) Deu-se uma radicalização do processo de individualização, no sentido de perda de referências da conduta social. O indivíduo já não é mais pautado pelos valores tradicionais ou nas normas, instituições e ideologias da modernidade (pátria, partidos, trabalho, família patriarcal), o que gera uma nova forma de individualismo reflexivo, no qual as pessoas devem negociar constantemente suas relações sociais (por exemplo, com os/as filhos/as, companheira/o). A telemática, inserindo o indivíduo reflexivo num mundo de informações globais e aumentando seus contatos com as mais variadas

redes sociais, participa do processo de radicalização do individualismo, na medida em que o desvincula do contexto local, aumentando suas possibilidades de inserção nos mais diversos tipos de mundos significativos.

6) A proliferação de atores transnacionais. Desde os anos sessenta, as empresas multinacionais já são estudadas como atores que agem em escala internacional, com uma visão estratégica que não está delimitada pelas fronteiras do Estado nacional. Nas últimas décadas, o número deste tipo de ator se multiplicou, pela crescente internacionalização das empresas, do sistema científico e tecnológico, de grupos religiosos, das ONGs, do crime organizado e organizações terroristas. A Internet facilitou e acelerou enormemente os processos de formação de redes transnacionais.

7) Finalmente temos a globalização das sociedades e perda do peso simbólico da nação, que, como indicamos no início do livro, é um processo amplo e produto de tendências de longa duração. Os processos de internacionalização, em particular dos fluxos financeiros e dos regimes internacionais de comércio e patentes, limitou o espaço de ação dos governos, enquanto a Internet facilitou a globalização da interação social e cultural, afetando a capacidade do Estado de controlar as fontes de informação e restringir o sistema cultural no marco da nação e acelerando o processo de formação de uma opinião pública mundial.

Ainda assim, o Estado permanece como o principal vetor da vida política nacional e internacional e, se a globalização das sociedades e aprofundamento dos processos de globalização limitam, por um lado, o espaço de manobra dos governos, por outro lado, aumentam as expectativas para que eles assegurem uma distribuição adequada da riqueza social.

O novo: o impacto da Internet na percepção da realidade

O impacto da telemática no conhecimento e na cultura é múltiplo. O primeiro, sobre o qual existe um consenso entre os pesquisadores, é a unificação da percepção do espaço/tempo, pelo menos no relativo a todas as dimensões da existência que dependam de fluxo de informação (na forma de texto, voz e/ou imagem). O espaço, na experiência humana, é determinado pelo curto alcance dos sentidos, que exige que o indivíduo tenha de deslocar-se para entrar em contato com outro indivíduo ou local. A velocidade do deslocamento leva a associar o sentido de tempo com o da distância. Mecanismos para transmitir informação (por exemplo, tambores, sinais de fumaça, correio, telégrafo, telefone, televisão) foram os engenhos construídos pelo homem para transmitir informação sem necessidade de deslocamento, redimensionando as relações entre tempo e distância.

À medida que voz, texto e imagem podem ser transmitidos de forma instantânea, a noção de espaço associado a tempo, pelo menos em relação aos objetos transmissíveis de forma digital, tende a desaparecer. O sentimento de aldeia global se acelerou com cada novo meio de comunicação, e, com o sistema de transmissão de imagem de televisão via satélite, os eventos (pelo menos os transmitidos pela televisão) já aconteciam para o mundo todo no mesmo instante, sem a limitação do espaço/tempo. A Internet levou esta revolução a um novo patamar, permitindo que qualquer indivíduo, em qualquer lugar do mundo, possa estar em contato imediato – transmitindo voz, texto e imagem que ele escolher – com qualquer outra pessoa e lugar do planeta. Ao mesmo tempo, levou para o espaço virtual, portanto um espaço atemporal, boa parte do acervo cultural humano transformável em informação digital, colocado à disposição de qualquer usuário onde quer que ele esteja.

A unificação do espaço/tempo não significa, porém, o desaparecimento da temporalidade; ao contrário, ela representa a contração, aceleração e valorização do tempo pelo desaparecimento da barreira espacial.

Um segundo aspecto sobre o qual existe um debate, por vezes confuso, é em torno da chamada realidade virtual, definida como o conjunto de imagens e sensações produzidas por meios eletrônicos. A realidade virtual é contraposta muitas vezes à "realidade", como se o mundo virtual fosse menos real, autêntico, que o mundo das "sensações" ou o mundo tal como experimentado antes da telemática. Trata-se de uma visão romântica do passado, da experiência sensorial e da vida social, já que o mundo humano é por sua própria natureza "virtual". O ser humano se relaciona com o mundo através da cultura (isto é, de símbolos abstratos), que determina a forma de perceber, compreender, interpretar e avaliar a experiência transmitida pelos sentidos. Seja através da Bíblia, do Alcorão ou de um livro de ciência, a única forma de superar a finitude da experiência individual é pelos mundos significativos que organizam e permitem transcender o universo limitado de nosso mundo sensorial.

O terceiro impacto da Internet, talvez o mais profundo e ainda o menos conhecido, é o da transformação do universo humano, em virtude da integração crescente entre as pessoas e as máquinas. Trata-se de uma área da qual sabemos pouco e em torno da qual se enfrentam diferentes escolas de pensamento. Para alguns, o computador tem o potencial de espelhar a mente humana, o que permitiria, no futuro, uma quase integração entre ambos. Para outros, pelo contrário, a distância entre a mente humana e a inteligência artificial seria intransponível, pois a mente humana não seria dissociável de seu suporte biológico-cultural, dentro do qual se constituiu e a cujas necessidades responde.

Uma área sobre a qual já existe uma ampla bibliografia é a das conseqüências do hipertexto (a possibilidade de realizar uma leitura que permita inúmeras conexões e associações, com a passagem instantânea de um texto para outro, numa espiral inesgotável – à diferença do texto "clássico", com início, meio e fim) sobre a percepção e a inteligência. Alguns autores indicam que a capacidade de lidar com grande quantidade de informação, rápida associação de conteúdos diversos e trabalho em rede pode implicar perda ou diminuição da cultura intelectual do "tempo do livro", centrada na reflexão demorada, na elaboração conceitual e no pensamento em profundidade, realizado em boa medida por indivíduos isolados. Para outros, a atividade intelectual associada ao hipertexto seria mais ciente do caráter coletivo de toda obra, menos individualista e mais fluida.

A produção crescente de informação e conhecimento e sua disponibilização imediata pela Internet aumenta enormemente a produtividade social, facilita muito a localização de informação e o processamento de dados. Sem podermos responder se o futuro nos deparará ou não com cyborgs (computadores humanos), no momento atual, o desafio é lidar com a telemática como uma competência cada vez mais essencial para a inserção social e compreender suas conseqüências sobre o sistema socioeconômico, político e cultural.

O novo: telemática e estruturas sociais

Como a Internet passou a ser o meio de comunicação a distância mais utilizado (substituindo o correio e até certo ponto o telefone), naturalmente ela está presente e permeia todas as relações sociais, econômicas e políticas. Mas isso não significa que ela necessariamente seja capaz de modificar tais relações. Se a Internet, como indicamos anteriormente, aprofunda tendências já presentes na sociedade contemporânea, nada indica, até o momento, que ela seja um fator de transformação radical da estrutura social, do sistema de estratificação e das normas e valores da sociedade. Na parte final do capítulo, retomaremos a questão do impacto da telemática nas dimensões políticas e jurídicas da sociedade, em particular as possibilidades que ela abre para novas formas de controle social pelo Estado e pelas empresas.

Do ponto de vista dos agentes e movimentos sociais, as novas tecnologias produziram um novo ator, os hackers, pessoas muito habilidosas na área de programação, muitas vezes cientistas, mas também free lancers, que desencadearam um movimento contra a apropriação e controle comercial da

Internet. A principal contribuição do movimento foi o Open Source Movement (Movimento pela Arquitetura Aberta), que desenvolve softwares com licenças registrados, mas nos quais os códigos-fonte são divulgados. Como veremos, o Open Source Movement é a principal força de resistência à mercantilização e ao controle da informação que circula na Internet.

As redes eletrônicas igualmente não substituem as redes constituídas nas relações face a face, que continuam a ser a principal fonte de relações de confiança e afeto. As possibilidades abertas pela Internet permitem a intensificação do intercâmbio e a diversificação das redes sociais, mas isso não tem sido suficiente, até o momento, para substituir ou modificar os laços sociais que se estabelecem na convivência direta, a não ser em casos marginais, em geral de adolescentes, que encontram na Internet um mundo alternativo na passagem à vida adulta.

Uma das áreas em que a Internet tem exercido um impacto importante na consolidação de sentimentos solidários é a das diásporas de comunidades de imigrantes (muitos deles trabalhadores temporários ilegais), residentes nos países desenvolvidos. Para estes, a Internet permite um contato constante por e-mail com suas famílias e o recebimento permanente de notícias de seus países, reforçando e realimentando os laços com a terra natal. Ela também é utilizada para recriar laços afetivos, como na procura de genealogias familiares ou antigos amigos com os quais se perdeu contato.

O novo: aplicações da Internet

• e-mail: A Internet, através do e-mail, criou um mecanismo de envio instantâneo de mensagens e documentos (arquivos), o que ocasionou praticamente o desaparecimento do correio (e o telégrafo, fax e telex) como meio de transmissão de textos e, em certa medida, substituiu a chamada telefônica. O e-mail é responsável pela principal utilização da Internet e consome a maior parte do tempo dos internautas.

Possuir um endereço e-mail equivale a possuir um endereço de moradia (um local onde a pessoa "pode ser localizada"). No futuro, mas já em parte no presente, a falta de um endereço e-mail condena as pessoas ao isolamento social. Cada vez mais possuir um endereço na Internet será condição de cidadania.

A possibilidade de envio de mensagens, simultaneamente, a um sem-número de pessoas, em qualquer lugar do mundo, pelo custo de uma chamada local, sem mobilizar recursos materiais (papel/impressão), multiplicou exponencialmente a comunicação e as possibilidades de interação. Mensagens que não seriam enviadas, caso exigissem algum custo financeiro ou esforço de impressão, passaram a circular na Internet de forma alucinante, inclusive gerando um novo problema, de "excesso de comunicação", que exige um tempo enorme de gestão/digestão e inclusive indigestão. A Internet mudou o ritmo da comunicação, exigindo maior rapidez do interlocutor, criando expectativas de resposta imediata a questões que pedem um tempo material e emocional cujo ritmo não é o da velocidade da luz.

• e-pesquisa: A Internet facilita enormemente a localização de informação que, pelos métodos "tradicionais", demandaria um grande custo de tempo, energia e recursos. A Internet não só passou a concentrar o acervo cultural digitalizável da humanidade, como se transformou num meio para disponibilizar publicamente uma quantidade crescente de textos/imagens/sons que não viriam a público se dependessem de sua reprodução material. Isso tem gerado um crescimento exponencial do acervo de sites na Internet, e o internauta passa a depender de mecanismos de pesquisa para localizar a informação de seu interesse. Assim, se por um lado a possibilidade de cada um colocar conteúdo na Internet representa uma democratização da informação, por outro lado leva à dependência de mecanismos de procura que possuem uma capacidade, de fato, de influenciar os sites aos quais o internauta dará prioridade.

Vários mecanismos existentes de procura colocam nos primeiros lugares aqueles sites que pagam para terem prioridade para aparecer. Mas mesmo que não seja esse critério o definidor das prioridades, a classificação dos materiais disponíveis na Internet apresenta problemas que exigirão no futuro o desenvolvimento de novas soluções. A enorme quantidade de material disponível na Internet deverá dar lugar a empresas e instituições especializadas na elaboração da informação e a novos mecanismos, cada vez mais complexos, de procura.

É possível distinguir no uso da Internet entre informação e conhecimento, ou, usando o léxico técnico, informação com baixo e com alto conteúdo informacional. A informação de baixo conteúdo se refere a um fato cuja compreensão é mecânica, não exige nenhum treinamento intelectual específico e se esgota na sua função imediata (por exemplo, encontrar o nome de uma rua, uma imagem pornográfica, um saldo bancário ou fazer uma compra). Na informação de alto conteúdo, seu valor depende da capacidade de análise do usuário e que, depois de integrada, afeta a sua competência e capacitação intelectual. Como veremos, a capacitação intelectual prévia do usuário é determinante na transformação da Internet num potenciador da cultura e da criatividade social.

• e-ciência, e-tecnologia: Além de facilitar o processo de acesso a bancos de dados, bibliotecas virtuais e todo tipo de informação, a Internet fortaleceu duas características tradicionais do campo de pesquisa científica e tecnológica: o funcionamento em redes e o caráter internacional da interação. Trata-se, possivelmente, do setor profissional mais aberto à Internet e às suas possibilidades de pesquisa e comunicação, mas também uma das áreas mais afetadas, na medida em que o fortalecimento das redes internacionais do interesse de cada pesquisador tem levado a uma fragilização da sociabilidade imediata centrada na vida departamental da própria instituição.

A possibilidade de circulação de trabalhos científicos na Internet abriu novas perspectivas de publicação em revistas, sem custo de impressão, o que traz para o centro do debate acadêmico as formas de regulação destas publicações (devem ou não seguir as mesmas normas de controle editorial que as revistas impressas) e dos direitos autorais.

• e-produção: Como indicamos anteriormente, a informática não globalizou a economia, mas acelerou enormemente a comunicação entre as empresas e no interior delas e aumentou a rapidez e quantidade dos intercâmbios de informação. A Internet permite o acompanhamento on-line da situação dos estoques, das tendências do mercado e da relação com os provedores e clientes, reduzindo o tempo do ciclo de produção, distribuição e consumo.

O impacto da telemática no sistema produtivo é múltiplo. Ela criou, em primeiro lugar, um grande mercado para seus produtos, desde as infraestruturas da comunicação, a computadores, equipamentos, softwares e serviços de apoio. Em segundo lugar, abriu um novo espaço para produtos e serviços que podem ser transmitidos ou realizados via Internet. Em terceiro lugar, permitiu revolucionar os sistemas de gerenciamento do conhecimento e da comunicação no interior da empresa. Em quarto lugar, as diferentes formas de e-commerce (das quais as principais são B2B (Businees to Businees), B2C (Businees to Consumer), C2C (Consumer to Consumer) e B2G (Businees to Government) revolucionaram a forma de vender/comprar. Os leilões eletrônicos no B2B, o B2G e o C2C reduziram enormemente os custos de transação, enquanto o B2C iniciou um processo de transnacionalização do comércio varejista, impondo a necessidade de novos sistemas de controle e taxação. Em quinto lugar, em particular com o B2B e o B2G, modificou a logística e a cadeia de suprimento entre as empresas e no interior delas, e aumentou a velocidade e reduziu os custos de transação e os preços. E, finalmente, em sexto lugar, permitiu transferir serviços anteriormente realizados pelos funcionários aos próprios clientes – como é caso exemplar do sistema bancário, em que os guichês eletrônicos e a Internet substituem o antigo "caixa" – e reduziu a importância do vendedor no comércio entre empresas.

A tendência de retrair o tempo das decisões e o fluxo de trocas a um mínimo de minutos ou segundos causou um impacto particular no setor financeiro, um dos setores que mais se aproximaram da "eliminação do tempo", a causa da natureza puramente informacional do dinheiro. O tempo, contudo, nunca poderá ser eliminado, e como sempre aconteceu no setor financeiro, muitas oportunidades de lucro continuam dependendo da capacidade de "chegar primeiro", só que agora a vantagem se conta por segundos.

• e-trabalho: A Internet permitiu o aumento da produtividade, ao flexibilizar a estrutura da empresa – já que todas as informações podem ser encontradas no espaço virtual –, diminuir o uso de espaço físico e facilitar o contato entre o funcionário e a empresa independentemente do local onde ele se encontre. A transmissão de mensagem via Internet mudou as práticas de trabalho no setor de serviços, já que as informações passaram a circular por e-mail, o que permite maior agilidade da comunicação como sua documentação e controle.

Se a Internet permite que a empresa esteja ao alcance, em qualquer lugar, ela, em conjunto com o telefone celular, possibilita também o contrário, isto é, o alcance do funcionário pela empresa, onde ele estiver. As conseqüências desta possibilidade têm se mostrado calamitosas, pois aumenta a carga de trabalho fora do horário de serviço, e, na prática, destrói a própria noção de horário de trabalho, de fim de semana, de férias e da distinção entre trabalho e esfera privada. O ritmo da comunicação eletrônica entra em conflito com o ritmo biológico e emocional das pessoas, seja do corpo ou da mente, e tal conflito pode ocasionar problemas sociais crescentes, cujo sintoma atual é o nível epidêmico do estresse e da depressão pela dificuldade de se "acompanhar o ritmo das coisas", e que, mais cedo ou mais tarde, deverá expressar-se em reivindicações a favor de uma nova regulação do mundo do trabalho. O direito do trabalho deverá enfrentar a questão do direito a permanecer desligado fora do horário do trabalho. Caso não se avance nesta direção, num futuro não distante a humanidade terá de reinventar uma das principais contribuições da Bíblia: o direito a um dia descanso.

• e-educação: A capacidade de lidar com informação, de analisá-la e elaborá-la é um componente central da competência profissional nas maiorias das atividades econômicas no mundo contemporâneo. Em princípio, Internet e educação parecem se reforçar mutuamente, mas, na prática, a relação entre elas é bastante complexa.

O encontro entre educação e telemática possui dois eixos: a transmissão de conteúdos educacionais específicos e a educação orientada para o desenvolvimento da capacidade de uso autônomo dos instrumentos telemáticos.

O uso da Internet para desenvolver competências e conhecimentos específicos (ensino de línguas, cursos de extensão e atualização profissional, cursos de formação a distância nas mais diversas áreas, inclusive de nível superior) hoje já está amplamente divulgado e, além de um número crescente de empresas, praticamente todas as universidades nos países desenvolvidos e uma boa parte nos países em desenvolvimento possuem um setor de produção de multimídias e/ou cursos de formação a distância. Na área educacional, os CDs educacionais, cujo uso muitas vezes depende somente de computadores, sem exigência de acesso à Internet, representam um importante segmento do mercado educativo.

Embora ainda não existam séries históricas comparativas suficientes sobre os resultados da Internet na educação adulta, os vários relatórios de instituições internacionais e governamentais que têm procurado avaliar os impactos da Internet na educação indicam resultados positivos na área de cursos de línguas estrangeiras, treinamento para o setor empresarial, ensino superior e formação de professores. Em todas essas áreas atuam empresas privadas e universidades, com mercados consolidados e que têm sido relativamente pouco afetados pela crise da nova economia.

No plano escolar, porém, com exceção de certos casos particulares, como crianças com dificuldades de sociabilidade e aprendizagem, o impacto da Internet na educação aparece como bastante ambíguo. Inexistem pesquisas com séries históricas e casos comparativos que permitam identificar claramente a contribuição da Internet para o ensino escolar. Estudos de caso indicam que a capacitação dos professores permanece como o elemento fundamental do sistema educativo, e que a Internet, para as crianças, pode ser complementar, mas não substitui a função do professor. Assim, o principal diferencial da performance individual nos sistemas escolares ainda continua sendo, fora do componente decisivo do contexto social e cultural da família, a capacitação do professor. Pela palavra (e emoção) do professor a criança obtém os instrumentos intelectuais que lhe permitirão desenvolver o raciocínio e a autonomia analítica, fundamental, inclusive, em tempos de Internet, já que a disponibilidade de uma quantidade praticamente infinita de informação pode ser quase tão paralisante quanto sua carência.

Além da relação pessoal com o professor, continuam insubstituíveis (pelo menos no futuro previsível) a caneta e o papel, tanto pela importância no desenvolvimento da capacidade manuscrita como por ser o papel ainda o melhor meio para guardar a memória do trabalho realizado pelo aluno e para o seu acompanhamento pelo professor e pais.

As novas tecnologias tendem a transformar o lugar do professor, subvertendo sua função. Se por um lado possuem um grande potencial como instrumento de apoio, elas podem ser colocadas no lugar do professor, diminuindo seu espaço e limitando a aplicação criativa de sua experiência pedagógica e de interação com o aluno. Certos softwares pedagógicos interativos levam, na prática, a excluir o professor como observador e orientador do aluno.

Como se trata de uma área ainda experimental, a introdução da Internet na educação escolar deve ser realizada de forma gradual e partindo de experiências-piloto. A possibilidade de construir imagens tridimensionais é um excelente facilitador para a compreensão de, por exemplo, o funcionamento do corpo humano, o mundo subatômico ou a geologia, mas sua utilização como instrumento de desenvolvimento do raciocínio ainda exigirá muitos desenvolvimentos. Encontramo-nos nos estágios iniciais deste tipo de prática de ensino, e os instrumentos utilizados ainda deverão ser aprimorados, pois a maioria dos produtos de multimídia tendem a padronizar a educação, distanciando-a das exigências de individualização e de adaptação às necessidades pessoais de cada estudante, especialmente na esfera escolar.

À medida que o sistema educativo se tecnifica, será necessário repensar o sistema pedagógico e educacional. Como este sistema se encontra numa grave crise em nível mundial – e independentemente da chegada da informática –, a introdução das novas tecnologias deve ser parte de um esforço geral de renovação do sistema escolar.

No ensino médio e universitário a valorização excessiva da Internet como fonte de informação e idéias pode produzir efeitos nocivos. Pesquisas indicam que muitos alunos, na hora de realizar um trabalho, substituem o esforço de leitura e escrita pelo mecanismo de procura na Internet de um texto que se ajuste a suas necessidades. No lugar de um ponto de partida, a pesquisa na Internet se transforma num ponto de chegada, levando ao abandono de práticas de leituras e reflexão sustentada. A valorização excessiva da "tela do computador" e dos multimídia educativos pode pôr em risco as exigências pedagógicas associadas à disciplina intelectual que impõe a leitura de um livro e à valorização da paciência necessária ao desenvolvimento de idéias criativas.

A introdução indiscriminada de computadores, muitas vezes cortesia de grandes empresas de software e de provedores de Internet que consideram a escola como o melhor caminho para entrar nos lares, pode ter efeitos negativos no ensino fundamental, se os professores não forem treinados adequadamente para o uso do computador e da Internet. Serão necessários investimentos maciços na formação de professores para que não se crie um "fosso digital" entre estudantes cada vez mais destros no uso da telemática e o corpo docente. A introdução dos computadores como instrumentos de ensino deve ser precedida pela formação do corpo docente não só em questões puramente operacionais mas também na compreensão de um problema mais amplo, dentro do qual o computador e a Internet são instrumentos e não um fim, como um apoio à pesquisa e à capacidade de elaborar problemas no lugar de respostas.

A educação pela telemática não deve ser confundida com educação em telemática, que é uma necessidade urgente em todos os sistemas escolares. A educação em telemática exige a criação de uma disciplina curricular obrigatória, orientada para preparar os estudantes na utilização crítica dos instrumentos da telemática, dos seus fundamentos técnicos, de seu uso e dos desafios que ela apresenta à sociedade. Em vez de "informatizar" a mente, trata-se de pôr a telemática a serviço do pensamento.

• e-cultura: Parte crescente da herança cultural da humanidade digitável encontra-se na Internet. Já se pode visitar um grande número de acervos de bibliotecas, museus e arquivos históricos virtuais. A Internet é cada vez mais utilizada para desenvolver o turismo cultural e divulgar eventos artísticos.

Boa parte das grandes obras da literatura mundial, pelo menos aquela sobre a qual não pesam direitos autorais, podem ser obtidos sem custo para o Internauta. No futuro, e já em certo sentido na atualidade (muitas vezes de forma não-autorizada), toda nova obra musical, filmes e obras de literatura serão disponibilizados pela Internet.

A Internet possui um grande potencial como veículo de expressão da diversidade cultural do mundo contemporâneo e como mecanismo de divulgação de obras culturais localizadas nas diversas partes do planeta. A criação de museus virtuais tem avançado bastante em alguns países em desenvolvimento, em particular na América Latina, seguida de alguns países asiáticos, como a Coréia, China e Turquia, e da África do Sul, no continente africano.

• e-governança, e-governo; e-política: Os impactos da Internet na vida política podem ser separados em três níveis: a e-governança refere-se à utilização da Internet para aumentar a eficácia, a eficiência, qualidade, transparência e fiscalização das ações e serviços do governo e das instituições públicas; o e-governo inclui o conjunto de novos instrumentos que permitem aumentar e modificar a participação dos cidadãos na gestão e escolha das decisões governamentais, bem como influenciá-las; a e-política é o impacto da Internet na própria estrutura e possibilidades de organização política da sociedade.

A e-governança permite a utilização da Internet para: 1) divulgar todas as atividades dos diferentes órgãos do governo, incluindo acompanhamento do orçamento e gastos públicos, garantindo uma maior transparência e monitoramento público; 2) melhorar a rapidez, o alcance, e a qualidade na administração interna e nos serviços prestados; 3) prestar serviços on-line, incluindo emissão de certificados, solicitação de serviços de saúde e educação, pagamento de contas, tributos e declaração de impostos; 4) realizar leilões eletrônicos, licitações públicas, compras e fornecer serviços. O sucesso da informatização dos serviços governamentais supõe a universalidade de acesso; caso contrário, cria-se um novo fosso entre os e-cidadãos e os demais.

O e-governo inclui o voto eletrônico, a possibilidade de interagir com as instituições públicas e a regulamentação das atividades associadas à Internet – o desenvolvimento da legislação concernente às atividades comerciais, certificação, segurança e direitos de privacidade individual – e todas as medidas que asseguram a universalização do acesso à Internet.

A análise do impacto da Internet na política não pode esquecer que a tendência a associar as formas de fazer política com o tipo dominante de meio de comunicação tem uma longa tradição. A chegada do rádio foi associada, e por vezes responsabilizada, pela sociedade de massas. Da mesma forma a televisão teria promovido a sociedade do espetáculo. Hoje, a Internet é relacionada a uma nova forma de fazer política, dissociada ou à margem do Estado, pelo fortalecimento das redes da sociedade civil.

Embora resultados passados não autorizem projeções para o futuro, não podemos esquecer que a era do rádio foi saudada por muitos socialistas, como o advento de uma nova época de participação popular. Não existe, até o momento, elementos suficientes que confirmem qualquer suposição sobre o impacto da Internet na política, o que permite duas leituras opostas de suas conseqüências: alguns analistas imaginam que nos encontramos no alvor de uma transformação radical da democracia representativa em democracia plebiscitária, enquanto para outros a nova sociabilidade virtual destrói as bases da interação que permite a construção do espaço público e aumenta a capacidade de controle da população pelo Estado (ver quadro no final do capítulo).

• e-saúde: Na área de saúde a telemática é particularmente promissora, embora com limitado impacto no momento. Já foram realizadas experiências bem-sucedidas em telemedicina – que inclui o diagnóstico e as cirurgias à distancia, teleconferências médicas e telemonitoramento –, embora na maioria dos casos ainda na forma de experiências-piloto. A Internet tem facilitado o trabalho de monitoramento e controle de epidemias, a reorganização dos sistemas de saúde, as relações com os pacientes e as fontes de informações médicas para leigos (tendência muitas vezes criticada por produzir informações errôneas e/ou contraproducentes).

Um dos serviços em fase de elaboração em muitos países avançados, é o chamado cartão-saúde, que permitirá o acesso ao histórico médico de qualquer pessoa, independentemente de onde se encontre, facilitando os serviços de telessaúde e de pesquisa médica. Caso a confidencialidade destes bancos de dados não seja protegida, será possível a empresas seguradoras e empregadores, com posse destas informações, desenvolverem políticas de seguro e de emprego discriminatórias.

• e-crime, e-terrorismo e e-guerra: Finalmente não podemos deixar de lembrar o potencial que a telemática apresenta como instrumento de organização, falsificação, roubo e destruição para as redes criminais e terroristas, e de um novo tipo de criminoso, o cracker, que se especializa na penetração das redes e sites com objetivos destrutivos. Como veremos mais adiante, as gangues de traficantes no Brasil são um caso exemplar do uso da telefonia celular para objetivos criminosos. Na absorção e uso das novas tecnologias de informação, o crime tem se mostrado, em geral, mais ágil que os aparelhos de segurança dos estados.

Um dos principais impactos da telemática no destino humano é a transformação da arte da guerra, graças aos novos sistemas de localização via satélite e mísseis teleguiados, que combinam de forma cada vez mais eficaz informação, comunicação e poder destrutivo.

Direitos autorais: mercado versus bens públicos

À medida que o conhecimento científico, a informação e a cultura transmissível pela Internet passam a ocupar um lugar central na vida econômica, eles se transformam em fonte de conflitos sociais em torno da forma mais adequada de regulação social. A informação, o conhecimento e a cultura podem ser vistos tanto como mercadorias e fontes de lucro empresarial como bens públicos que devem ser objeto de intervenção estatal para assegurar que o conjunto da população tenha condições efetivas de acesso a eles e para garantir que seus usos sejam regulados. O centro deste conflito social em torno da apropriação da Internet tem seu epicentro no tema da propriedade intelectual.

O debate público sobre o que seja patenteável foi deflagrado nos anos oitenta pelas biotecnologias. Historicamente, o conceito de patente tinha como fundamento a distinção entre invenção e descobrimento. Enquanto o primeiro podia ser patenteado, pois implicava a criação de algo novo, inexistente na natureza ou no domínio público, o descobrimento referia-se ao conhecimento de algo preexistente na natureza ou na sociedade – como é o caso do conhecimento científico – o que seria, portanto, não-patenteável. A idéia da patente era assegurar que o novo conhecimento não se transformasse em segredo industrial, e, para incentivar o inventor a aceitar pôr sua invenção no domínio público, era-lhe assegurado, por um período limitado, o monopólio da patente ou o recebimento de royalties pelo seu uso por terceiros. Com as biotecnologias, a separação entre descobrimento e invenção começou a ser posta em questão quando foram adjudicadas patentes ao conhecimento sobre a utilidade ou função de certos genes, conferindo aos possuidores das patentes o direito de cobrar royalties a qualquer um que viesse a usar esse conhecimento no desenvolvimento de novos produtos. Assim, a ciência passou a ser colonizada pela indústria, e o conhecimento por ela produzido começou a perder a vocação de universalidade e comunicação livre, que é uma de suas características históricas.

Como a Internet possibilita transformar em produtos "multiplicáveis" atividades que tradicionalmente eram consideradas "artesanais" – como ministrar aulas, organizar cursos, conferências, elaborar material pedagógico –, as instituições educacionais e culturais passaram a considerar seu *staff* como produtor de material patenteável. Transformavam-se atividades que eram vividas como sendo sem fins de lucro em fonte de renda; modificava-se o ethos científico e pedagógico. Nos Estados Unidos, em particular, a reivindicação de pagamento de direitos autorais pelo uso de terceiros de qualquer inovação, texto ou imagem, ainda que de forma marginal ou tangencial, se transformou numa mania com efeitos paralisantes sobre a criatividade. Afinal, todo esforço de criação é uma atividade coletiva, pois se sustenta, de forma consciente e inconsciente, na absorção/reelaboração das mais variadas influências. Se cada vez que alguém, por exemplo, para ministrar aula ou fazer uma intervenção cirúrgica, tiver de pensar nos direitos autorais que pode estar atropelando, a sociedade corre o risco de castrar a criatividade e transformar, o que antes era uma ação lúdica e/ou solidária, em atos mecânicos ou orientados unicamente pela preocupação com vantagens pessoais.

No campo da produção intelectual, os direitos autorais, no início, foram utilizados para proteger os editores e, depois, os autores de todo tipo de obra artística ou intelectual. Na tradição européia, os direitos autorais protegem o autor, enquanto nos Estados Unidos os direitos autorais podem ser completamente transferidos às empresas. Recentemente, os direitos autorais de propriedade literária e artística foram homogeneizados em escala mundial: passaram de 50 para 70 anos após a morte do autor, 95 anos após a publicação, ou 125 anos depois da criação, nos casos em que os direitos sobre a obra tenham sido adquiridos por empresas.

A lei de direitos autorais sempre incluiu artigos que aceitavam o chamado fair use (uso de boa fé), que incluía a reprodução de trabalhos para fins de ensino, pesquisa, educação ou para uso pessoal. Com a popularização da fotocopiadora, o fair use já havia começado a ser questionado pelas editoras.

Com a Internet, o problema dos direitos autorais foi repensado em virtude da possibilidade de disponibilizar no espaço virtual, num site, praticamente sem custos, qualquer obra escrita, musical ou visual, "curto-circuitando" os proprietários dos direitos autorais. Vários sites especializados em música e posteriormente em filmes começaram a disponibilizar gratuitamente músicas recém-lançadas, o que levou as gravadoras que tiveram grandes prejuízos a entrar na justiça e exigir o fechamento destes sites. Apesar de as empresas terem ganhado a causa, é quase impossível eliminar estes sites, o que estimula a procura de novas soluções comerciais e, inclusive ao que parece, a utilização, por vezes, de métodos não-ortodoxos, como o uso de ataques com vírus eletrônicos.

A questão suscitada pela Internet é a da definição do que deve ser o *fair use* no contexto do ciberespaço. Deve ser feito algum pagamento pela utilização em escala não-comercial de informações e materiais disponíveis na Internet, aos quais se tem acesso pela utilização de navegadores (*browsers*) ou motores de busca? Estes navegadores e motores de busca devem ser pagos? As empresas de Internet e os controladores dos direitos autorais esperam que qualquer informação baixada seja paga por cada usuário individual. Para poder controlar o uso que cada um faz da Internet, eles pressionam a indústria de hardware para que sejam inseridos mecanismos dentro de cada computador, de modo que cada movimento do internauta seja controlado. Além de criar problemas graves no que diz respeito à intimidade pessoal, tais sistemas estariam praticamente privatizando a Internet.

A remuneração dos sites e motores de busca, caso fique centrada em soluções individualizadas, levaria a mecanismos de controle que retirariam da Internet seu caráter de domínio público, às empresas seria concedido um conhecimento indevido da privacidade das pessoas e seriam favorecidos os setores com maior poder aquisitivo. Um amplo debate nacional e internacional público deverá encontrar soluções que permitam remunerar os produtores de conteúdos e que assegurem ao mesmo tempo o caráter aberto e de serviço público da Internet e que protejam a privacidade do usuário. Uma solução proposta é a criação de sistemas de coleção de taxas entre usuários, que seriam repartidas proporcionalmente entre os diferentes sites visitados, segundo um sistema controlado publicamente. A transformação do ciberespaço num espaço público global é um dos grandes desafios que se impõem à constituição de novas formas de governança internacional, capazes de gerir sistemas tecnológicos cujo impacto supere as fronteiras nacionais.

Arquitetura Aberta (*Open Source*) versus programas comerciais

Os criadores da Internet colocaram no domínio público os códigos-fontes que permitem que qualquer pessoa possa desenvolver, sem ter de pagar direitos autorais, programas compatíveis com o sistema. Desde o início da Internet um grupo formado majoritariamente por pesquisadores e hackers desenvolvem esforços para manter os códigos-fontes dos programas usados nos computadores no domínio público. Este movimento procura confrontar o processo crescente de oligopolização da indústria de programas, proprietárias dos códigos-fontes, cujo caso mais conhecido é o da Microsoft.

O Open Source Movement, cujo sistema operacional Linux é seu produto mais conhecido, criou o *Open Source Standard*, que certifica que o código-fonte de um programa está disponível e livre de custo para os usuários individuais. O desenvolvimento de programas a partir de Open Source é bastante disseminado em grandes empresas e instituições, universidades e órgãos de governo, que usam em geral grandes computadores e possuem suficientes recursos humanos para dar o apoio técnico necessário aos usuários. Para os indivíduos e pequenas empresas sem conhecimentos técnicos, os softwares comerciais apresentam a vantagem de maior simplicidade de instalação e apoio técnico, embora já existam, em pequena escala, empresas que se especializam em apoio técnico a programas de *Open Source*.

A discussão sobre o uso de programas de *Open Source* se apresenta muitas vezes, em particular nos países em desenvolvimento, como um tema fundamentalmente econômico, já que poderia representar uma redução de gastos. A utilização de programas de *Open Source* pode representar ganhos econômicos e tem de fato pressionado a indústria a reduzir preços. Mas a questão central expressa pelo Movimento de Open Source é fundamentalmente de caráter político. A arquitetura original da Internet privilegiava a comunicação e não a identificação do conteúdo ou dos usuários. Tanto as empresas como o Estado têm desenvolvido recursos com o objetivo de identificar o usuário e seus movimentos. Para as empresas, o monitoramento dos usuários, cada vez que eles entram na Internet, é considerado como o único caminho para assegurar o pagamento de direitos autorais, além de transmitir informações sobre os padrões de consumo dos internautas. Para o Estado, o acesso aos conteúdos que transitam pelo ciberespaço e o seu armazenamento são vistos como instrumentos necessários de vigilância das atividades que podem afetar a segurança nacional, o que tem levado muitos países a restringir ou proibir o uso por particulares de sistemas criptográficos, a regular a comercialização de sistemas avançados de decifiramento e obrigar os provedores a guardar todos os e-mails por um período determinado.

A existência – e constante desenvolvimento de programas alternativos – de Open Source é uma das condições fundamentais, ao lado de uma lei apropriada de direitos autorais, para limitar a capacidade das empresas e do estado de subordinar a Internet à lógica de seus interesses. Para a maioria dos usuários de telemática, os softwares, assim como o hardware, são caixas pretas, e na maioria das vezes os usuários não têm noção da informação que eles estão transmitindo quando usam a Internet. É necessário um esforço de esclarecimento do que a Internet coloca em jogo em termos de liberdades públicas para delimitar legalmente o poder do Estado e das empresas de interferir na informação dos internautas, de monitorá-la, extraí-la, usá-la e divulgá-la. Uma ampla discussão deverá definir o lugar da Internet como bem público e assegurar o direito das empresas de ter um retorno por seus investimentos e o direito do Estado de velar pela segurança pública, ambos direitos legítimos, mas que devem ser construídos a partir de um sistema democrático de regulação.

O novo e o velho: redes e pirâmides

O caráter interativo e aberto da Internet levou muitos autores a pensá-la como a fonte de um novo paradigma de organização social, no qual a categoria central seria o da rede social, entendida como sistema de comunicação multiforme, formado por diferentes nódulos interconectados de forma fluida e em constante mutação, em que cada ator social participa de diferentes redes, nas quais cada um depende do outro, dentro de relações que podem ser assimétricas e/ou hierárquicas, mas nas quais todas as partes seriam interdependentes sem um centro definido. A rede subverteria as estruturas sociais do capitalismo industrial, com suas organizações e hierarquias rígidas, sistemas de comunicação vertical e centros de poder definidos.

No século XX, a metáfora dominante pela qual se procurava descrever a sociedade era a de uma estrutura que assumia a forma de pirâmide. Enquanto as metáforas da estrutura e da pirâmide estão associadas aos conceitos de causa e efeito da física e do organismo humano com seus órgãos centrais, a noção atual de rede foi retirada dos estudos sobre o funcionamento do sistema neurológico e inteligência artificial.

Na perspectiva da pirâmide, a sociedade seria uma organização em que no topo estariam os mais ricos e poderosos e na base os trabalhadores, e como, categoria residual, ficariam os setores médios, ou, em outra metáfora, a sociedade se organizaria em torno de um centro e uma periferia. A empresa igualmente se dividia em patrões e operários, e o Estado exercia seu poder através de estruturas burocráticas e militares. Este conceito de estrutura obviamente não dava conta do movimento, da interação e da comunicação – por vezes conflituosa – entre as partes. Se o Estado representava estruturas de poder, a participação social se fazia presente pelos partidos políticos, por movimentos sociais e pela opinião pública; se a empresa entranhava sistemas autoritários de poder, os operários se faziam presentes através dos sindicatos ou comissões de fábrica; finalmente, se a distribuição da riqueza social estratificava a sociedade, a mobilidade social mostrava uma realidade mais flexível. Mesmo os Estados totalitários altamente centralizados dependiam de redes para se manterem informados e controlar a sociedade.

Vistos com o insight do mundo atual, obviamente a metáfora da pirâmide é inadequada, pois unilateral. A questão, porém, é saber se a utilização da metáfora da rede deve levar-nos a abandonar totalmente a idéia da sociedade como estrutura ou pirâmide. Acreditamos que não, que em ambos os casos seríamos parciais, pois a telemática afeta as técnicas de poder, transformando os sistemas tradicionais de organização e o funcionamento dos centros de decisão, mas não os elimina.

O impacto da Internet é bidirecional. Se, por um lado, ela expande as possibilidades de ação da opinião pública mundial e da atuação de movimentos socais não-centralizados, ela também permite novas formas de organização antidemocrática, na forma de redes operacionais transnacionais, que são organizações altamente centralizadas, graças às novas possibilidades de controle/comando permanente pelo centro, que não precisa ter uma localização fixa no espaço. Um caso exemplar são as redes internacionais do crime organizado e de grupos terroristas, cujo confronto, mantendo o respeito pelas liberdades democráticas, exigira uma profunda reformulação dos sistemas de segurança internacional e nacional.

A metáfora da rede, em vez de nos levar a considerar um corte radical entre o presente e o passado, nos permite retornar ao passado e enxergar como as redes sempre foram centrais na sociedade humana. De fato, a importância da comunicação e da informação era fundamental na reflexão sobre o capitalismo desde seus primórdios, e já ocupava um lugar importante na obra de Adam Smith. Não só o mercado, mas também a democracia tem todas as características de uma rede, em que a participação e a circulação de informação é central para seu funcionamento.

O perigo de uma ênfase unilateral no papel das redes é o de passar de uma metáfora parcial, as estruturas piramidais, para outra igualmente insuficiente. As redes virtuais se multiplicaram e mudaram o funcionamento das organizações piramidais, mas isso está longe de fazê-las desaparecer. Da mesma forma que a unificação espaço-tempo não elimina o tempo em si, a criação de redes virtuais não elimina a materialidade do mundo, a importância dos centros de poder político e de recursos econômicos. A principal fonte de inovação tecnológica nas telecomunicações continuam a ser os investimentos de pesquisa ligados ao setor militar, uma estrutura altamente centralizada.

Redes e estruturas sempre estiveram interligadas. O Estado nacional sempre soube da importância dos meios de comunicação para unificar e controlar o espaço nacional, e se hoje as empresas possuem uma gestão mais flexível, as estruturas de poder, contudo, continuam mantendo o seu lugar. Os centros de poder, concentradores de recursos políticos, culturais e econômicos, continuam a impor sobre a sociedade uma desigual distribuição de decisões, de fluxos de comunicação e até mesmo de acesso diferenciado aos recursos da telemática. Se a Internet desterritorializa no sentido de permitir intercâmbios em escala global, os espaços territoriais continuam a ser tão importantes, ou mais do que nunca, não apesar de sua materialidade, mas por causa dela, por possibilitarem uma grande concentração de recursos humanos e de infra-estruturas.

No mundo da Internet, redes (representadas por internautas) e pirâmides (representadas pelo Estado e por empresas) continuam a se confrontar. Enquanto as grandes empresas ligadas à indústria da informática e de produção de software e multimídia procuram fazer valer as definições mais amplas e de maior duração de direitos autorais, indivíduos e associações voluntárias desenvolvem softwares livres e procuram disponibilizar gratuitamente conteúdos. Os serviços de segurança dos Estados procuram controlar a comunicação e a informação sobre cada cidadão, enquanto uma parte da sociedade se organiza para limitar estes poderes e fortalecer os direitos da privacidade.

A ilusão de um mundo de redes participativas globais, constituídas na base de uma sociedade global, à margem das estruturas do poder dos Estados e das grandes empresas, não só não dá conta da realidade social atual, como pode induzir ao desconhecimento dos novos problemas e ao abandono de diálogo com as organizações que continuam sendo decisivas na condução da sociedade contemporânea: o Estado e as grandes empresas. O grande desafio intelectual e prático deste começo do século XXI é inventar novas articulações entre redes e pirâmides, de forma a potencializar as dimensões democráticas das novas tecnologias.

Quadro D – A dupla face da telemática: liberdade e controle

O debate em torno do impacto da Internet sobre a vida política se caracteriza por uma polarização entre os que vêm nela um instrumento libertário e aqueles que a percebem como um mecanismo de destruição do espaço público e de controle dos cidadãos pelo Estado e pelas empresas.

Na visão otimista, convergem visões bastante díspares. Para alguns, a Internet permitirá o aumento da participação dos cidadãos nas decisões dos governos por um sistema de consulta permanente, possibilitando o plebiscito cotidiano sobre os temas mais diversos. Para outros, a Internet permite radicalizar a democracia, criando um novo espaço público construído em torno de uma sociedade civil que se organizará à margem do Estado.

Na perspectiva pessimista, alinham-se aqueles que consideram que a Internet destrói as relações face a face, que seria a única fonte de comunicação capaz de gerar grupos sólidos e estáveis, com memória histórica (no lugar do mundo atemporal da Internet), que seria a única base possível de sustentação de uma vida pública e de ação política constante. A Internet, ao criar um mundo de relações virtuais, facilitaria o crescente controle do Estado e das empresas sobre cada cidadão, levando finalmente à destruição da privacidade e da liberdade.

As diversas posições que se confrontam em torno do impacto da Internet indicam potencialidades reais, ambas presentes na sociedade, e, que, dependendo do resultado dos confrontos sociais, têm o potencial de chegar a ser dominante. Na prática, ambos os desenvolvimentos já podem ser encontrados na atualidade, tanto de potencialização da vida democrática como de fragilização da privacidade e da liberdade pelo controle da informação. Bancos de dados que centralizam desde o código genético à história médica de cada um, leis que obrigam os provedores de Internet a guardar cópias de todos os e-mails, câmeras que registram cada passo no trabalho, nas ruas ou nas lojas, sistemas de rastreamento dos movimentos dos usuários de Internet, cartões de crédito que já permitem a reconstrução de todos os gastos, interesses e de cada movimento pessoal (já que na sociedade moderna consumir/pagar permeia praticamente cada ato social), o uso de sistemas eletrônicos para pagamento de pedágio, telefones celulares com câmeras e GPS, novos sistemas de reconhecimento biométricos e, no futuro não distante, o implante no corpo de microships com funções médicas, ou não, convergem no sentido de destruir a noção de privacidade e constituem um enorme potencial de controle social e destruição da liberdade.

A "aldeia global" corre o risco de reproduzir todos os aspectos que faziam da antiga aldeia um lugar de controle social opressivo, onde era impossível o anonimato e o sentimento de liberdade, que foram adquiridos nas grandes cidades. A crescente impossibilidade de mentir (pelo menos em relação a nossos atos individuais) possui um potencial destrutivo da sociabilidade humana, tal qual a conhecemos. A mentira pode esconder crimes e roubos, mas também é um instrumento dos oprimidos em face dos mais fortes e um recurso fundamental da liberdade humana.

A dependência da sociedade das redes eletrônicas de comunicação para o funcionamento de praticamente qualquer serviço cria um enorme risco de paralisação e destruição em escala global em caso de um ataque bem-sucedido ao sistema. A fragilização da humanidade é um processo que sempre acompanhou o curso de contato entre os povos, e foi potencializada pela globalização. Quando os povos viviam em relativo isolamento, não usufruíam as inovações tecnológicas e sociais do resto da humanidade, mas também ficavam protegidos das doenças, epidemias e malefícios da homogeneização de sistemas produtivos, sociais e políticos. Com a globalização, as epidemias viajam por via aérea (e os vírus eletrônicos, à velocidade da luz), a homogeneização de cultivares se dá em escala mundial, novos remédios podem neutralizar os mecanismos de seleção natural da espécie e tecnologias de destruição já não afetam povos e ecossistemas localizados, mas o conjunto da humanidade.

As novas tecnologias aumentam a segurança individual ao preço de pôr em risco as instituições que fundam a democracia moderna, ao construírem um frágil sistema de vida tecnológico-dependente, alvo de ataques cuja prevenção pode levar a práticas totalitárias de controle social. Talvez seja uma lei da história humana que todo novo instrumento tecnológico que incremente a capacidade de controle da natureza e da sociedade sobre si mesma aumente o potencial de destruição do meio ambiente e da própria sociedade, como também apresente promessas de melhoria da qualidade da vida e renove as esperanças de um mundo melhor.

IV

As dimensões da exclusão digital

Conectados, desconectados e a exclusão digital

Nas sociedades modernas, as categorias de conectado e desconectado referem-se à desigual distribuição de acesso aos mais diversos meios de comunicação – livros, jornais, rádio, telefone, televisão e Internet. Embora estejamos focalizando o acesso à Internet e seu uso, a exclusão digital não pode ser dissociada do acesso a outras tecnologias da comunicação, com as quais tem várias complementaridades e, até mesmo, tendências à convergência.

A exclusão digital possui forte correlação com as outras formas de desigualdade social, e, em geral, as taxas mais altas de exclusão digital encontram-se nos setores de menor renda. A desigualdade social no campo das comunicações, na sociedade moderna de consumo de massas, não se expressa somente no acesso ao bem material – rádio, telefone, televisão, Internet –, mas também na capacidade do usuário de retirar, a partir de sua capacitação intelectual e profissional, o máximo proveito das potencialidades oferecidas por cada instrumento de comunicação e informação.

O foco central deste livro é o impacto da exclusão digital na desigualdade social e nas oportunidades e qualidade de vida. O conceito de exclusão digital utilizado na bibliografia sobre o tema e nos relatórios das organizações internacionais esconde significados muito diferentes. Embora as taxonomias sejam enfadonhas, devemos distinguir, para evitar confusões analíticas e definir claramente os objetivos das políticas sociais, as diferentes questões e problemas associados ao conceito de exclusão digital.

Exclusão digital em escala internacional: *e-readiness*

Vários estudos internacionais procuraram desenvolver indicadores para classificar a posição relativa dos países em termos de desenvolvimento telemático, através do conceito de *e-readiness* (e-prontidão). Este conceito permite avaliar a situação relativa dos países dentro do sistema internacional quanto à penetração das tecnologias da comunicação, que seria um fator importante na determinação da competitividade nacional. A posição de um país em termos de *e-readiness* não possui correlação necessária com o nível de exclusão digital no interior da própria sociedade, embora as políticas de luta contra a exclusão digital afetem positivamente a capacidade nacional em termos de *e-readiness.*

Existem inúmeras fórmulas para definir o *e-readiness* de cada país. Alguns autores identificam estágios de desenvolvimento de *e-readiness*, outros definem fórmulas de indicadores-chave (número de pessoas com acesso às diversas tecnologias da comunicação), até propostas bastante complexas que levam em consideração, entre outros, os contextos institucionais, sistemas de regulação da área de telecomunicações, recursos humanos, sistemas de inovação e usos e impactos no conjunto da sociedade. As fórmulas mais simplificadas sofrem dos problemas típicos de comparações quantitativas entre países com realidades socioculturais, políticas e econômicas muito diversas. Esta questão é particularmente relevante nesta área, onde a disseminação do produto e o nível educacional determinam a diversidade e potencialidade dos usos. Por sua vez, as fórmulas mais complexas, que levam em consideração dimensões qualitativas, são mais difíceis de quantificar e dependem de adjudicação de valores mais ou menos aleatórios a cada índice.

Apesar dos diferentes critérios utilizados, a maioria dos estudos sobre a situação internacional contemporânea converge numa tipologia de níveis de *e-readiness* que, em grandes linhas, reproduz a posição relativa dos países em termos de renda per capita. Existem, contudo, importantes diferenças no interior de cada grupo, mesmo entre os países avançados. Neste grupo, os Estados Unidos ocupam uma posição particular por concentrarem o maior número de usuários de Internet, possuírem várias das empresas líderes de produção de software e serviços de Internet e sediarem a maioria dos portais e motores de busca mais visitados. As vantagens relativas das empresas estadunidenses deverão diminuir nos próximos anos, embora a Europa se ressinta da diversidade lingüística, que dificulta a internacionalização de seus sites.

Se a desigual distribuição de acesso aos meios de comunicação em escala internacional parece reproduzir o quadro geral de desigualdade entre os países, quando consideradas somente as tecnologias de ponta, a desigualdade entre os países é maior que a desigualdade medida por critérios de renda per capita. Se a distribuição de rádios e televisões no mundo apresenta uma distância entre os países ricos e pobres menor que a desigualdade em termos de desenvolvimento econômico, a disponibilidade de computadores com acesso à Internet é 600 vezes maior nos países desenvolvidos mais ricos que nos mais pobres. Se considerarmos o número de pessoas com acesso à banda larga, a distância aumenta ainda mais.

Muitas vezes se argumenta que países mais pobres podem pular etapas do desenvolvimento absorvendo as tecnologias mais avançadas (o chamado leap-frog). No entanto, as tecnologias estão em constante movimento, e aquilo que parece o ponto de chegada rapidamente fica obsoleto. Enquanto o telefone ainda é um instrumento desconhecido para parte importante da população do planeta, a telefonia tende a ocupar um lugar cada vez mais secundário como instrumento de comunicação, subsumido à Internet, e logo o será à nova geração de telefonia celular, com aparelhos que miniaturizam boa parte das funções dos computadores ligados à Internet. Assim, o caráter altamente dinâmico das novas tecnologias é uma barreira constantemente renovada na capacidade de aproximar os países mais pobres dos países mais ricos.

Exclusão digital e desenvolvimento: e-desenvolvimento

A discussão sobre exclusão digital inclui um outro tema que deve ser diferenciado, embora tenha conseqüências sobre a desigualdade social, pelo impacto na criação de chances de oportunidades de trabalho e diminuição da pobreza. Trata-se do uso da telemática para gerar crescimento econômico, o chamado e-desenvolvimento. Este tema compreende questões específicas, que não serão discutidas neste livro, de orientação de investimentos, de política de formação de recursos humanos, de ciência e tecnologia, de política industrial e de comércio exterior. Estas políticas exigem um quadro jurídico adequado de proteção à privacidade e intimidade dos registros de informação, de direitos autorais, de luta contra o crime eletrônico, de usos de sistemas criptográficos, de regulação do comércio e autenticação de documentos e assinatura eletrônica e dos direitos dos e-consumidores.

A Internet tem sido promovida por instituições internacionais e nacionais como um instrumento de modernização das pequenas e médias empresas, e como um mecanismo de acesso aos mercados internacionais. Como seu uso pelos turistas dos países desenvolvidos é generalizado, praticamente todos os governos dos países em desenvolvimento, e muitos de seus hotéis, têm sites orientados a este público; inclusive em muitos dos países em desenvolvimento mais pobres, boa parte dos sites públicos e privados tem como alvo principal a promoção turística.

Um tema importante nesta área é o impacto das novas tecnologias da comunicação nos fluxos de pagamentos entre os países avançados e em desenvolvimento, o que tem conseqüências sobre o crescimento econômico e sobre os custos de comunicação e, indiretamente, sobre a exclusão digital. Enquanto o sistema de interconexão telefônica favorecia os países em desenvolvimento, credores de royalties porque o número de recebimento de chamadas era maior que a emissão, o modo de pagamento da comunicação de Internet favorece os países desenvolvidos, basicamente os Estados Unidos, principal centro de tráfego internacional de Internet.

Exclusão digital e desigualdade social

A exclusão digital representa uma dimensão da desigualdade social: ela mede a distância relativa do acesso a produtos, serviços e benefícios das novas tecnologias da informação e da comunicação entre diferentes segmentos da população. A exclusão digital trata igualmente de um outro tema associado à questão de desigualdade social, mas que não pode ser confundido com esta: a telemática como instrumento de luta contra a pobreza. Em situações de crescimento econômico, é possível diminuir a pobreza (a população que se encontra abaixo do que é considerado o mínimo necessário para viver numa sociedade dada) e, ao mesmo tempo, aumentar a desigualdade social. A luta contra a desigualdade e a contra a pobreza apresentam, portanto, superposições, mas não são sinônimas.

Como toda inovação social, o impacto da telemática aumenta potencialmente a desigualdade social, já que dela se apropriam inicialmente os setores mais ricos da população. Assim, a luta contra a exclusão digital não é tanto uma luta para diminuir a desigualdade social, mas um esforço para não permitir que a desigualdade cresça ainda mais com as vantagens que os grupos da população com mais recursos e educação podem obter pelo acesso exclusivo a este instrumento.

As diversas fórmulas para avaliar o nível de exclusão digital levam em consideração a distribuição dos diversos meios de comunicação, nível de escolarização e tipos de uso dos conteúdos digitais. Como no caso de *e-readiness*, existem inúmeras fórmulas para medir a exclusão digital e que, como no caso anterior, apresentam os mesmos tipos de problemas. No lugar de discutir as diversas fórmulas, propomos esclarecer os vários aspectos da exclusão digital.

As dimensões da exclusão digital

A exclusão digital depende de cinco fatores que determinam a maior ou menor universalização dos sistemas telemáticos: 1) a existência de infra-estruturas físicas de transmissão; 2) a disponibilidade de equipamento/ conexão de acesso (computador, modem, linha de acesso); 3) treinamento no uso dos instrumentos do computador e da Internet; 4) capacitação intelectual e inserção social do usuário, produto da profissão, do nível educacional e intelectual e de sua rede social, que determina o aproveitamento efetivo da informação e das necessidades de comunicação pela Internet; 5) a produção e uso de conteúdos específicos adequados às necessidades dos diversos segmentos da população. Enquanto os primeiros dois critérios se referem a dimensões passivas do acesso à Internet, as três últimas definem o potencial de apropriação ativa.

A distinção entre os diferentes níveis de acesso e uso é fundamental para desenvolver metodologias de avaliação, acompanhamento e atuação na luta contra a exclusão digital. Cada nível, a partir do primeiro, é condição de existência do nível superior, enquanto os níveis superiores determinam a utilidade do nível anterior. Os programas públicos de universalização dos serviços de comunicação focalizam em geral o primeiro e segundo níveis, os das infra-estruturas físicas e equipamentos individuais, que são somente parte das precondições para transformar a Internet num serviço público.

Vejamos com mais detalhe cada um dos diferentes níveis:

1) Infra-estruturas de acesso – As infra-estruturas de acesso são constituídas pelos sistemas de transmissão, que podem ocorrer via telefone, satélite, rádio e com o uso de fiações telefônica, elétrica e de televisão a cabo. No futuro, será possível acessar a Internet através do telefone celular e da televisão digital, embora ela não permita a interatividade, que continuará exigindo o acesso através de um provedor de Internet. A comunicação por Internet se efetua pelos sistemas de banda simples, com baixa velocidade, e de banda larga, que permite uma maior velocidade e volume de informação. A disponibilidade de ambos os sistemas depende da existência de prestadores locais destes serviços com equipamentos adequados.

É importante indicar que a competitividade das diferentes tecnologias de acesso tem se mostrado evasiva, e que investimentos bilionários (por exemplo em satélites) foram perdidos por apostas tecnológicas erradas, sustentadas em previsões inadequadas de tendências de mercado. O mesmo poderá valer para os prognósticos sobre a convergência de tecnologias na telefonia móvel de terceira geração (3G), e do telefone, da televisão digital e Internet que levariam ao abandono do computador pessoal (PC). Tal tendência ainda está longe de sua maturação, e de uma definição clara de qual será seu formato.

A universalização das infra-estruturas de acesso é um processo praticamente concluído nos países avançados, ainda que em certas regiões mais isoladas dos Estados Unidos e em várias regiões da União Européia a banda larga ainda não esteja disponível. Nos países em desenvolvimento, pelo contrário, a universalização das infra-estruturas é ainda um problema central, em particular nos pequenos vilarejos e zonas rurais, e a banda larga geralmente só é acessível em cidades de porte grande ou médio. A Internet, na maioria dos países em desenvolvimento, é um fenômeno concentrado fundamentalmente nos centros urbanos, em particular nas grandes cidades.

A introdução constante de novas tecnologias de telecomunicação determina uma defasagem permanente do ciclo social do produto social, tanto em escala internacional como em nacional. Como indicamos anteriormente, a cada estágio de inovação tecnológica, os países em desenvolvimento fazem um esforço para alcançar os países avançados, mas quando estão próximos de consegui-lo uma nova tecnologia recoloca novamente uma enorme distância tecnológica. Esta tendência se reproduz no plano de cada sociedade. Por exemplo, na atualidade, quando a telefonia começou a se universalizar nos chamados países industriais emergentes, o desafio passou a ser o acesso à Internet, e, por sua vez, quando o acesso a ela começa a se disseminar, um novo patamar é erguido pela banda larga. A aceleração da inovação tecnológica significa que devemos levar em conta que a exclusão digital é dinâmica: os parâmetros são modificados a cada inovação nos sistemas telemáticos. À medida que, cada vez mais, a produção de conteúdos se dirige a usuários com acesso à banda larga e/ou exige longa permanência na Internet, aqueles ligados à Internet de baixa velocidade estarão, de fato, excluídos.

2) Equipamento de acesso individual – O equipamento mais comum de acesso à Internet é constituído por um computador com modem e uma linha ligada a um provedor de serviços. Os principais locais de acesso individual são: a residência, o trabalho, a escola e telecentros – públicos ou privados. Nos setores de baixa renda que não possuem equipamento nem linha de acesso própria, o acesso, fora do trabalho, depende de pontos de acesso coletivos: na escola ou nos telecentros.

A bibliografia sobre exclusão digital em geral concorda que os dois principais fatores determinantes do acesso à Internet, dada a existência de infra-estruturas de comunicação, são a renda pessoal e o nível educacional. Dentro de um mesmo segmento de renda, a maior incidência de acesso à Internet se concentra entre as pessoas de nível educacional mais elevado. A não ser em regiões particulares, em geral o número de usuários se distribui eqüitativamente entre homens e mulheres. O impacto desigual sobre grupos raciais e étnicos tende a acompanhar a distribuição desigual de renda e educação, além de circunstâncias excepcionais em que o problema se agrava nos casos em que o grupo étnico fala uma língua própria. A penetração da Internet nos países em desenvolvimento também está associada ao nível de urbanização e de grandes concentrações urbanas. A urbanização "internetiza".

A exclusão digital agrava-se dramaticamente nas regiões rurais, em particular nos países em desenvolvimento. Em geral, quanto maior for a concentração urbana, maior será a taxa de usuários. As chances de alguém ser alfabetizado no uso do computador e da Internet são menores quando se considera a idade do usuário: a exclusão digital tem forte componente etário, que apresenta maior gravidade à medida que se passa para as faixas de menor renda. As dificuldades de aprendizagem associadas à idade, assim como a concentração de maiores níveis de analfabetismo nas faixas etárias mais idosas da população, concorrem para o alto índice de exclusão digital entre os adultos de baixa renda nos países em desenvolvimento.

O número de computadores e de usuários cadastrados pelos provedores de Internet constitui o principal critério sobre a quantidade de usuários. A diversidade de possibilidades de acesso dificulta a quantificação de pessoas que usam a Internet. Para certos autores, deve-se distinguir entre usuários ativos, para os quais a Internet está integrada ao cotidiano, e usuários passivos, para os quais a Internet é um evento casual. Há um grande desacordo sobre critérios de avaliação de número de usuários entre as diferentes organizações e empresas especializadas no ramo, inclusive sobre o número de usuários de Internet nos Estados Unidos. Supõe-se, em princípio, que o número de usuários por ponto de acesso (computador ligado à Internet) é maior nos países em desenvolvimento que nos países desenvolvidos e em famílias pobres que em famílias ricas (que chegam a possuir vários computadores ligados à Internet). Em certos casos, um usuário pode estar cadastrado em vários provedores, em outros casos, como nos telecentros, um computador permite o acesso a um grande número de usuários.

As políticas de expansão das infra-estruturas de acesso, que orientaram as políticas de telecomunicações nos anos noventa, de privatização e promoção da competição dentro do setor, têm tido em geral bastante êxito, mas em todos os países em desenvolvimento, elas têm se chocado com os limites da demanda solvente. O grupo mais pobre da população não tem recursos para comprar um computador, e menos ainda para pagar uma conta de usuário de telefonia fixa e de um provedor de Internet. Para enfrentar esta barreira à universalização de acesso os mecanismos mais comuns são: políticas de preços subsidiados para os usuários de baixa renda; promoção de computadores a baixo custo ou reciclados; apoio à constituição de telecentros:

• Políticas de preços subsidiados. Trata-se de um problema para o qual ainda não existem soluções convincentes. A experiência internacional apresenta exemplos de tarifas menores para vários bairros mais pobres, telecentros com tarifas subsidiadas ou gratuitos, sistemas de tributação cruzada para favorecer setores de usuários e mecanismos que assegurem aos provedores de Internet que atuam em regiões desfavorecidas as mesmas tarifas oferecidas aos grandes consumidores.

• Promoção de computadores a baixo custo. A produção de computadores a baixo preço, associada por vezes a financiamentos subsidiados, ainda não apresenta, de acordo com a bibliografia, resultados relevantes. Os críticos de tais experiências indicam que, em geral, estes computadores possuem menor capacidade de armazenamento de dados e de velocidade. Alguns modelos de computadores simplificados, sem HD, ligados à Internet, fazem supor que os usuários têm acesso a serviço de banda larga e podem pagar os custos de conexão, mas isso, como vimos, não está ao alcance de boa parte da população. Outro instrumento utilizado, a reciclagem de computadores usados e sua distribuição para telecentros de baixa renda, apresenta algumas experiências de sucesso e possui um certo potencial, inclusive em escala internacional, pela doação de computadores usados para os países pobres.

A produção de computadores "populares" tem como principal desafio criar um produto capaz de acompanhar a "dupla hélice" da lógica do mercado de informática: a exigência constante de renovação de computadores a partir do aumento permanente da capacidade de armazenamento e do processamento de informação do hardware, bem como a introdução concomitante de novos softwares que só funcionam nas novas máquinas. Os caminhos possíveis, e não necessariamente antagônicos, para se desenvolver um "computador popular" são a produção de computadores alternativos a partir de um esforço de centros de pesquisa tecnológicos do setor público, em conjunto com indústrias nacionais, ou a criação de um computador "popular" pela grande indústria multinacional. Neste caso, o desafio é que este computador não seja uma concorrência para os computadores "caros". Uma saída possível seria limitar sua utilização ao mercado institucional (escolas, instituições públicas) e telecentros de áreas carentes. Junto com o hardware, o computador "popular" deverá encontrar soluções adequadas também quanto ao software, diminuindo seus custos com soluções econômicas e técnicas adequadas às necessidades dos usuários.

• Telecentros: Os telecentros são pontos de acesso coletivo, onde o usuário pode usufruir de serviços de Internet através de equipamentos que não lhe pertencem. Os telecentros representam a principal resposta às dificuldades de acesso individual e desempenham o mesmo papel do telefone público em relação à telefonia. Constituem o principal instrumento das políticas de universalização de serviços de Internet em países em desenvolvimento.

Apesar da importância dada aos telecentros, a bibliografia indica poucos exemplos documentados (como, por exemplo, o caso peruano) de experiências bem-sucedidas. Paradoxalmente, ou nem tanto, é nos países desenvolvidos onde se localizam o maior número de experiências, tanto em termos quantitativos como qualitativos, de telecentros voltados para as necessidades das populações e comunidades carentes.

Além de serem uma resposta às necessidades de acesso de indivíduos sem capacidade de custear o acesso à Internet em seus domicílios, os telecentros permitem viabilizar economicamente investimentos de provedores em áreas onde a capacidade aquisitiva individual é baixa, mas que, agregada pelos telecentros, viabiliza empreendimentos comerciais para os quais os provedores de Internet não estão atentos. As agências de regulação de telecomunicações, em geral por limitações do mandato, tendem a permanecer distantes das exigências de regulação que assegurem aos telecentros, em regiões carentes, tarifas de interconexão que permitam sua viabilidade.

Há várias propostas de tipologias de telecentros, realizadas pelos diversos organismos internacionais, que podem ser simplificadas nos seguintes modelos:

– Telecentros de acesso: provêm serviços básicos de Internet e, eventualmente, fax, fotocopiadora, impressora e telefonia. Na África, em particular, os telecentros fornecem muitas vezes somente serviços de telefonia.

– Telecentros monopropósito: que oferecem um único tipo de conteúdo e serviço, como informações governamentais ou educacionais.

– Telecentros de formação: que incluem, além dos serviços mencionados no primeiro tipo, cursos de formação em telemática e orientação ao usuário.

– Telecentros comunitários multipropósito: cuja característica é a de aglutinar vários destes serviços: acesso, informações locais, serviços públicos, cursos de informática e educacionais, rádio comunitária, produção de conteúdos e serviços à comunidade.

É necessário realizar um esforço internacional constante para avaliar, sistematizar e divulgar periodicamente as diferentes experiências de criação de telecentros orientados para os setores carentes – desde as soluções tecnológicas, os modelos de gestão administrativa, os sistemas de pagamento, os tipos de parcerias entre o setor público, as empresas e as ONGs, os tipos de serviços oferecidos e as formas de integração com a comunidade.

3) Treinamento – O treinamento no uso do computador e da Internet (denominada "alfabetização digital" ou "e-alfabetização") pode se dar através de cursos formais na escola, no trabalho ou em cursos privados ou promovidos por ONGs, ou pela convivência em contextos (escolas, trabalho ou lar) em que a Internet é utilizada por pessoas próximas e dispostas a orientar o usuário em casos de necessidade. As crianças, em particular, aprendem a usar o computador e a Internet com a prática, "brincando".

A possibilidade de não conviver em lares ou trabalho que permitam a aprendizagem por osmoses aumenta à proporção que nos aproximamos dos setores de menor renda, em que as chances de se possuir um computador no domicílio são extremamente baixas, assim como a oportunidade de acesso a um computador no trabalho.

4) Capacitação intelectual do usuário – A possibilidade de utilizar as informações disponíveis na Internet como fonte de conhecimento e desenvolvimento intelectual e profissional dependem da capacitação prévia do usuário. A capacitação supõe, como ponto de partida, a alfabetização e formação intelectual fornecidas fundamentalmente pelo sistema escolar. O acesso ao digital oferecido pela "alfabetização digital" não pode ser dissociado da "alfabetização livresca". A rede multiplica as possibilidades do trabalho intelectual e profissional, mas, pelo menos até o momento, não substitui as qualificações intelectuais básicas. Pelo contrário, seu potencial efetivo depende delas. Assim, a desigualdade social expressa nos desníveis educacionais se reproduz e é aprofundada pelo uso da Internet. Enquanto parte importante da população dos países em desenvolvimento continuar mergulhada no analfabetismo e semi-analfabetismo, a universalização do acesso à Internet, independentemente da expansão das infra-estruturas, será uma quimera.

Impactos dos serviços digitais

Os fatores anteriores convergem nos usos que se faz da telemática, o critério final que determina a relevância efetiva para a sociedade dos novos instrumentos. Os usos dependem da capacidade de apropriação e desenvolvimento criativo de cada usuário e dos diferentes segmentos sociais e instituições na produção de novos conteúdos e aplicações práticas que representem respostas inovadoras aos problemas econômicos, sociais, políticos e culturais.

• Comunicação – Os usos da Internet podem ser analisados em sua dupla dimensão: de instrumento de comunicação e divulgação e de instrumento de acesso à informação. O potencial como instrumento de comunicação (e-mail) é muito maior entre os usuários de renda alta, já que, em princípio, todos os membros de sua rede de relações também têm acesso à Internet, o que não ocorre no caso dos usuários de baixa renda. Isso vale ainda mais no caso de contatos internacionais, pois dificilmente os setores de baixa renda possuem uma rede social internacional. A única e relevante exceção refere-se às famílias pobres com membros que trabalham no exterior, geralmente de forma ilegal, e para os quais a Internet se transformou num importante instrumento de comunicação.

• e-educação – O ensino a distância precede a Internet. Cursos por correspondência, complementados por programas de rádio, televisão e videocassetes, têm uma longa tradição e formaram inúmeros profissionais que não tinham condições, seja por falta de tempo ou pela distância, de cursar aulas presenciais. Em 1969, a Open University, na Grã-Bretanha, exerceu um papel pioneiro na formação universitária em cursos por correspondência. Nos anos oitenta e noventa vários países em desenvolvimento criaram cursos de ensino superior a distância, especialmente para habitantes de zonas rurais. Hoje, universidades a distância na Turquia, China, Indonésia, Tailândia, Coréia e na Índia chegam a ter centenas de milhares de alunos.

Utilizada originalmente pela comunidade científica, a Internet difundiu-se de forma rápida nos países em desenvolvimento mais avançados, incluindo a maioria dos países da América Latina, China, Índia, Egito e África do Sul, e tem tido algum impacto nos países mais pobres, em geral com o apoio de organismos internacionais, fundações e empresas. O acesso à Internet significou para a comunidade científica dos países em desenvolvimento a possibilidade de uma comunicação fácil, rápida e barata com a comunidade científica internacional e acesso a bancos de dados e bibliotecas virtuais às quais não teriam acesso material. A Internet facilitou a inserção em redes internacionais especializadas, incrementando a participação em redes internacionais de intercâmbio científico.

Na maioria das universidades a distância estabelecidas nos países em desenvolvimento, os principais meios de comunicação são o correio, rádio, televisão, videocassetes e CDs, e a Internet desempenha, ainda, em geral, um papel de apoio. Uma das razões óbvias do limitado uso da Internet é a falta de acesso da maioria dos alunos. Esta situação está começando a se modificar, pois, nos últimos anos, praticamente a maioria das principais universidades dos países em desenvolvimento avançados entrou na área do ensino a distância com o uso da Internet.

Ao mesmo tempo em que as universidades locais procuram entrar no mercado de ensino a distância, as grandes universidades dos países desenvolvidos, em particular as estadunidenses, mas na América Latina também as espanholas, entraram maciçamente no negócio do ensino a distância, muitas vezes associadas a universidades privadas locais, com cursos sustentados no prestígio da universidade de origem, cujas mensalidades, por vezes, superam os valores das mensalidades das universidades presenciais, e, por vezes, com controle de qualidade que deixa a desejar.

No ensino escolar a educação a distância tem sido defendida como uma solução para os problemas de treinamento de professores, especialmente daqueles que se encontram em vilarejos ou áreas rurais. Existem várias experiências de criação de centros regionais de treinamento que utilizam a Internet e videoconferências, assim como de redes escolares (*schoolnets*) que oferecem aos professores, e às vezes aos alunos, programas e material didático continuamente atualizados. O sucesso destas iniciativas depende da disponibilidade de acesso nas escolas, do treinamento básico dos professores no uso da Internet e do suporte técnico adequado. Entre os países mais avançados na criação de redes escolares com acesso à Internet nas escolas encontram-se o Chile (com o programa Enlace, apoiado por uma rede de universidades que já atinge a quase totalidade do ensino secundário e mais da metade do ensino primário), a África do Sul e a Tailândia.

Como a maioria das crianças de baixa renda só podem ter acesso ao computador nas escolas, é fundamental a introdução de computadores no sistema escolar, ainda que sejam em laboratórios coletivos, onde as crianças se socializam no uso do computador e da Internet, já que um mínimo de familiaridade com a telemática se transformou em condição de empregabilidade.

• e-cultura – No campo da cultura um dos impactos mais importantes da Internet tem sido a criação de bibliotecas virtuais, que permitem a países e populações que não teriam condições financeiras de construir e manter bibliotecas "tradicionais" o acesso ao patrimônio escrito da humanidade. Embora a leitura de um texto através da tela do computador não seja equivalente ao manuseio de um texto escrito – nem o substitui –, as bibliotecas virtuais permitem aos estudantes das escolas e universidades dos países em desenvolvimento o contato com uma bibliografia a qual não teriam outra forma de acesso.

• e-saúde – Nos países em desenvolvimento, a Internet é muitas vezes apresentada como a solução para as regiões distantes e/ou que carecem de corpo médico local suficiente. Embora esse uso potencial exista, até o momento se trata de campo de aplicação com limitadas chances de sucesso no futuro próximo, pois as regiões mais necessitadas são as que menos possuem os recursos de acesso e pessoal treinado para fazer uso dos instrumentos da telemedicina, cujos custos ainda são altos e não prioritários para os sistemas de saúde dos países em desenvolvimento.

A Internet já está sendo introduzida em vários países em desenvolvimento mais avançados para modernizar os sistemas de administração e organização do sistema de saúde, levando a uma racionalização da gestão e de recursos e melhorando a qualidade dos serviços e atendimento. Também é utilizada para controlar epidemias e participar de sistemas internacionais de monitoramento, pôr à disposição do corpo médico bibliotecas virtuais e distribuir informação entre os profissionais de saúde, em particular em casos de campanhas de saúde.

• e-governo – A e-governança nos países em desenvolvimento pode ser um importante instrumento para diminuir a ineficiência e a apropriação privada do Estado pela burocracia, que transforma o governo em fonte de favores, propinas e corrupção sistemática. A possibilidade de obter um número crescente de documentos e informações oficiais pela Internet elimina o poder da intermediação burocrática e política.

À medida que os serviços oferecidos pelo Estado são acessíveis pela Internet, eles tendem a criar uma divisão crescente entre cidadãos com e sem acesso. O problema se agravará quando o uso dos serviços públicos via Internet se generalizar, e a estrutura administrativa se orientar para o usuário de Internet. Como, nos países em desenvolvimento, a universalização efetiva do acesso à Internet será um processo longo, é fundamental manter abertos outros canais de comunicação entre o governo e o cidadão, como o telefone e o contato direto ao público.

• Conteúdos sociais – Os conteúdos disponíveis na Internet constituem uma área decisiva na dinâmica da exclusão digital. Os usos que possibilitam são fatores centrais no impacto da Internet na desigualdade social, já que mesmo assegurado o acesso universal, a falta de conteúdos específicos pode limitar o impacto efetivo da Internet entre os setores de baixa renda.

Em termos gerais, pode-se afirmar que tanto nos países em desenvolvimento, quanto nos países centrais boa parte dos conteúdos da Internet se orientam para os usuários de classe média, principal mercado consumidor com potencial de gerar direta ou indiretamente receitas para o site – seja pela publicidade, seja como consumidores dos produtos divulgados ou de produtos de acesso pago. A destinação ao usuário de classe média se dá tanto pelo conteúdo como pela forma, pois a maioria dos sites supõe que o internauta possui um nível educacional relativamente alto. Mesmo no caso das home-pages não-comerciais, elas tendem a ser produzidas pelas classes médias, já que sua elaboração exige um certo conhecimento de Internet ou um mínimo de recursos financeiros.

A falta de conteúdos específicos para as comunidades rurais se agrava pelo fato de a Internet ser um fenômeno fundamentalmente urbano, tanto em relação aos usuários como, em particular, aos produtores de sites, concentrados na sua maioria nas grandes cidades. Além disso, nas pequenas cidades e nos bairros pobres das grandes metrópoles é limitada a produção de informação destinada às necessidades locais (como, por exemplo, ofertas de emprego, moradia).

Durante certo tempo o principal tema de discussão associado ao impacto global da produção de conteúdo da Internet era a predominância dos sites em língua inglesa, que além de imporem a hegemonia cultural anglo-saxã eram socialmente excludentes, tanto pelo conteúdo (desligado das condições locais) como porque supunham o conhecimento do inglês (idioma que em regiões que não são anglofalantes normalmente só está ao alcance das classes altas e médias). Esta preocupação tem se mostrado exagerada, pois à medida que a Internet se dissemina, o número global de homepages tende, em geral, a acompanhar percentualmente a língua dos usuários da Internet (com exceção de línguas orientais e de minorias étnicas).

Ainda assim, as dissimetrias permanecem. O tráfego internacional de Internet indica que os usuários da América Latina consultam várias vezes mais os sites dos países avançados do que o contrário. Embora o número de sites nos países em desenvolvimento tenha crescido de forma acelerada, em termos comparativos, ainda deixa a desejar em qualidade e quantidade da informação (o que se pode conferir visitando-se, por exemplo, os sites de boa parte dos governos da África Central). A importância do acervo de informação representado pelos sites em inglês faz com que a falta de habilidades nesta língua limite a capacidade de se usufruir do mundo da Internet. No futuro, sistemas de tradução instantânea de textos (muitos dos quais já estão disponíveis, mas produzem traduções bastante imperfeitas) serão um instrumento importante na comunicação intracultural e na divulgação de informação e produção científica em nível global.

A bibliografia tem enfatizado a insuficiência de sites orientados às necessidades das comunidades e grupos étnicos minoritários, e que, quando eles existem, em geral são produzidos por especialistas vindos do exterior. Mas igualmente dramática é a falta de sites dedicados aos setores urbanos mais pobres da população, cujo principal ponto de acesso são os telecentros, e para os quais é limitada a produção de conteúdo que leve em consideração suas necessidades culturais e socioeconômicas. A sociedade da informação representa não só um desafio tecnológico como um esforço de reinventar a produção de conteúdos que não se orientem somente por uma lógica comercial.

Quadro E – As políticas de luta contra a exclusão digital

O e-desenvolvimento social não substitui o desenvolvimento social, nem a luta contra a exclusão digital substitui o elenco de medidas necessárias para enfrentar a pobreza, a desigualdade social, e uma de suas mais terríveis seqüelas, a violência urbana. Mas o e-desenvolvimento passou a ser uma das dimensões do desenvolvimento, como a luta contra a exclusão digital é uma das dimensões da luta contra a pobreza e a desigualdade social.

O critério de relevância dos esforços de luta contra a exclusão digital deverá ser medido pela capacidade de incluir outras formas de desigualdade e pobreza. Afinal, os Estados Unidos praticamente alcançaram na última década a universalização de acesso à Internet, e nem por isso a desigualdade social diminuiu – pelo contrário. E o Japão é o segundo país do mundo com maior número de pessoas com acesso à Internet, e nem por isso conseguiu superar a estagnação econômica em que se encontra mergulhado há uma década.

A crescente complexidade associada à luta contra a desigualdade social sugere novos desafios ao planejamento estratégico das ações governamentais e aos formuladores de políticas sociais. As políticas dirigidas à diminuição da exclusão digital devem ser um componente das políticas públicas, mas não uma resposta para todos os problemas sociais e econômicos. O mesmo vale em relação à e-educação e aos problemas gerados pelo declínio da performance escolar. A procura de receitas simplistas é uma constante nos países em desenvolvimento, e a Internet é importante demais para que seja agregada ao ciclo de fórmulas miraculosas, que são posteriormente abandonadas por não responderem às falsas expectativas.

Os países em desenvolvimento, em primeiro lugar, devem levar em consideração o caráter dinâmico da exclusão digital. Esse caráter dinâmico exige que os países que não se encontram no núcleo central de geração de tecnologia desenvolvam pelo menos uma capacidade de análise estratégica defensiva, que lhes permita acompanhar as tendências e experiências desenvolvidas tanto nos países centrais como nos países em desenvolvimento, e assim reduzir os custos de experimentação e definir as melhores opções tecnológicas e produtos adequados às suas realidades nacionais.

Em segundo lugar, as políticas públicas devem coordenar o desenvolvimento de infra-estruturas – com o objetivo de aumentar as sinergias entre as diferentes redes físicas, estradas, linhas elétricas, telefonia e fibra ótica – e a promoção da universalidade dos serviços, com a criação de incentivos para que as empresas privadas invistam diretamente nas áreas menos favorecidas e para viabilizar serviços a custos suportáveis.

Em terceiro lugar, as políticas devem assegurar a coerência, integração, segurança e interoperacionalidade das ações dos diferentes serviços públicos, racionalizando-se assim os custos e a coerência das ações do governo. A coordenação das políticas não pode ser submetida a interesses partidários ou locais, o que exige que a instituição responsável pela definição das estratégias para a sociedade da informação esteja integrada ao núcleo central de decisão do governo. À medida que o núcleo central de tomada de decisões do governo não se comprometer diretamente com a coordenação das atividades ministeriais associadas à sociedade da informação, o desperdício tenderá a multiplicar-se, produto de superposições e de programas mirabolantes. A luta contra a exclusão digital deve ser considerada uma política de Estado, de longo prazo, devendo ser evitada a tendência "inauguralista" dos governos, em particular nos países em desenvolvimento, na qual depois de cada eleição o novo governo se sente na obrigação de desvalorizar e abandonar todas as realizações do antecessor.

Em quarto lugar, a urgência das tarefas não pode ser uma justificativa para o investimento maciço de forma precipitada em áreas que exigem experiências-piloto, adequação às condições locais, treinamento dos usuários, apoio técnico e sistemas de avaliação, como é o caso, em particular, da instalação de Internet nas escolas e telecentros comunitários.

Em quinto lugar, deve-se levar em consideração que investimentos em acessos coletivos devem ser acompanhados de capacitação humana local. Representa um desperdício de recursos gastos em infra-estrutura de comunicação e equipamentos de acesso se, no local onde se encontram os usuários potenciais, não existem pessoas capacitadas para o aproveitamento adequado da informação transmitida. A Internet permite alcançar lugares remotos com excelentes programas educativos, mas essa possibilidade não substitui nem resolve a falta de professores com uma formação mínima – típica dos locais distantes –, e capazes de fazer bom uso do material disponível.

Em sexto lugar, é fundamental a formulação de políticas que assegurem o desenvolvimento de telecentros. Uma regulamentação específica deve levar os operadores de comunicação e os provedores de serviços de Internet a assegurarem às instituições e serviços públicos e telecentros em áreas desfavorecidas o acesso a infra-estruturas e tarifas especiais. Os modelos de telecentros deverão se adaptar aos diversos contextos locais e deverão ser desenvolvidos diretamente pelo setor público com o apoio das ONGs e empresas. A criação de pontos de acesso público deverá combinar, criativamente, uma variedade de tipos de telecentros. Assim, por exemplo, pode-se visualizar um modelo num determinado bairro de população carente ou em pequenos municípios, onde sejam instalados pela iniciativa privada vários pontos de acesso coletivo junto com um telecentro multipropósito, apoiado pelo poder público, que ofereça cursos, oriente a população no uso da Internet e funcione como plataforma das associações locais para elaborar sites com informações sobre a vida da comunidade.

Em sétimo lugar, o investimento em programas de formação de mão-de-obra e as políticas de apoio à micro e pequena empresa não podem subestimar a importância que, nos países em desenvolvimento, continuam a ter a capacitação artesanal e o aproveitamento dos recursos naturais locais. Para estes setores, a telemática pode ser um importante instrumento de apoio, em particular para o acesso a mercados, se associados a cooperativas com capacidade efetiva de gerar ganhos de escala e de capacitar pessoas especializadas no uso das novas tecnologias.

Em oitavo lugar, como este livro em particular procura mostrar, na luta contra a exclusão digital é fundamental desenvolver parcerias entre ONGs, empresas e governo, nas quais as ONGs e as empresas ocupem um lugar importante como fonte de inovação e terceirização de certos serviços, sem que isso signifique a isenção de responsabilidades do Estado. Pelo contrário, a luta contra a exclusão digital depende, antes de tudo, da capacidade de ação do Estado de aproveitar o impulso do mercado e das experiências-piloto das ONGs, para assegurar aos setores mais pobres da população a integração na sociedade global e a participação em sua construção.

V

As telecomunicações no Brasil: serviços públicos e desigualdade social

Antecedentes

O desenvolvimento das telecomunicações no Brasil pode ser resumido esquematicamente em três fases: do século XIX (mais exatamente 1852, data da instalação do primeiro telégrafo elétrico) até 1964, ano do golpe militar; de 1964 a inícios dos anos noventa; de meados dos anos noventa até nossos dias. Na primeira fase, um longo período que não importa aqui detalhar, as companhias telefônicas foram se instalando no país de forma fragmentada. Em 1964 existiam 800 concessionárias, mas nesse ano somente São Paulo, Rio de Janeiro e Belo Horizonte estavam interligadas, enquanto entre outras localidades ligações interurbanas e com o exterior eram realizadas por ondas curtas.

Inicia-se, em 1922, a radiodifusão comercial que, a partir dos anos trinta, se dissemina rapidamente como um instrumento de unificação do território nacional, em particular durante o Estado Novo de Getúlio Vargas. A televisão inicia suas transmissões no início dos anos cinqüenta, mas até fins dos anos sessenta sua penetração era muito limitada.

Será o governo militar, que assume o poder em 1964, o responsável pela reorganização do sistema de telefonia e pela radical transformação do setor de comunicações. Os militares, como parte da visão geoestratégica de ordenamento e controle do território nacional, promoveram um processo de estatização e concentração de empresas de telefonia, que extinguiu a maioria das concessionárias e criou, em torno da Telebrás, um sistema de empresas públicas, no qual caberá à Embratel o monopólio das ligações interestaduais e internacionais.

As realizações do sistema Telebrás são impressionantes. No período entre a criação da Telebrás e 1980, o número de terminais telefônicos passa de 1,69 milhão para sete milhões e meio. A Embratel criou troncos de interligação telefônica, via satélite, entre todos os estados brasileiros e o sistema internacional, além de expandir e consolidar um centro de pesquisa e desenvolvimento tecnológico na área das telecomunicações.

Neste período, também é criada a Radiobrás, canal do governo que atinge todo o território nacional. Mas o fenômeno cultural central desse período é a expansão da televisão, em particular da Rede Globo, que, associada a canais locais, criou uma rede nacional para, inicialmente, transmitir o seu jornal vespertino e, posteriormente, o conjunto de sua programação.

Num país em rápida urbanização e industrialização, onde só uma minoria da população tinha acesso aos jornais e uma parte considerável era analfabeta, a TV, e em particular a Rede Globo, cumpriu um papel decisivo de integração cultural nacional, ocupando o lugar de substituto funcional do sistema educacional. A televisão no Brasil se transformou na principal – e para uma boa parte da população, a única – fonte de informação e de formação de valores, expectativas e hábitos. Nos anos setenta e oitenta, a Rede Globo, através de seu jornal, exerceu um papel importante como suporte ao regime militar, ao mesmo tempo em que, através de suas mundialmente famosas telenovelas, renovou os costumes, introduziu valores feministas e de crítica social e expandiu os horizontes e expectativas dos setores populares.

A partir dos anos noventa, as duas grandes instituições associadas ao regime militar e ao período do "milagre econômico" – o sistema Telebrás e, posteriormente, a Rede Globo – entram em crise por razões diferentes. A Rede Globo se endividou fortemente, em boa parte em moeda estrangeira, para realizar uma série de investimentos na área da "nova economia" (TV a cabo, comunicação via satélite, portal de Internet), investimentos que não tiveram o retorno esperado, ao mesmo tempo em que se acirrava a concorrência na TV tradicional.

A crise da Telebrás foi tecida com os mesmos ingredientes que determinaram a reorientação da economia política brasileira nos anos noventa. Atingida nos anos oitenta pela crise fiscal do Estado brasileiro e pela inflação galopante, a Telebrás sofreu cortes em seus investimentos e subordinou-se a política de preços de seus serviços à luta contra a inflação. Com a democratização, aumentou a colonização das empresas públicas por interesses políticos, e a desmotivação e perdas salariais produziram o abandono do serviço público de um grande número de quadros técnicos e executivos. A expansão acelerada da telefonia dos anos setenta perdeu fôlego. Nos anos oitenta, as linhas telefônicas no mercado paralelo valiam milhares de dólares e os assinantes dos planos de expansão lançados pelas empresas telefônicas esperavam anos para receber uma linha.

A privatização da Telebrás e dos serviços de telefonia celular realizou-se no quadro da política geral de privatizações, iniciadas pelo governo Collor e continuadas pelos presidentes Itamar Franco e Fernando Henrique Cardoso. O modelo finalmente desenhado para o setor sofreu muitas marchas e contramarchas: ora se proclamava a permanência das empresas públicas lado a lado com concorrentes privados (como no modelo europeu), ora, como acabou acontecendo, a total privatização do setor. Da mesma forma, as propostas pendulavam entre a manutenção da unidade do sistema de empresas do sistema Telebrás e seu desmembramento – o que acabou ocorrendo.

Embora a importância das privatizações para viabilizar a expansão dos investimentos no setor seja objeto de discussão, elas produziram ganhos não-intencionais positivos, uma vez que os governos, para legitimar suas políticas, mobilizaram um discurso que associava as privatizações à democratização do acesso, aos direitos dos consumidores e a serviços de qualidade.

As privatizações: o impulso e seu freio

As privatizações do sistema telefônico resultaram na constituição de várias empresas concorrentes, a maioria controlada por empresas estrangeiras de telecomunicações ou com forte participação nelas. Em poucos anos, as privatizações conseguiram aumentar dramaticamente a oferta de telefones fixos e celulares, eliminando o mercado paralelo. Hoje, no Brasil, em praticamente todas as cidades, as linhas telefônicas estão disponíveis para instalação imediata, sem custo algum, com exceção da taxa de serviço técnico.

Em 1994, existiam 13,3 milhões de linhas telefônicas fixas instaladas em todo o país. Em 1998, ano das privatizações das empresas de telecomunicações, este número duplicou, e o ano de 2001 fechou com 47 milhões de acessos instalados, sete milhões acima das metas estabelecidas para aquele ano. De 1995 a 2000, as linhas telefônicas por 1.000 habitantes passaram de 85 para 182 e a taxa de digitalização passou de 35,5%, em 1994, para 97,2%, do total das linhas em 2001. A telefonia pública também teve uma expansão enorme, passando de 300.000 instalações em 1994, para 589 mil linhas em 1998 e 1.400.00 em 2001 (ou seja oito telefones públicos para cada mil habitantes). Enquanto os preços de habilitação das novas linhas caiu bruscamente, o custo do minuto de ligação sofreu uma diminuição bastante menos importante.

Ainda que o conjunto das linhas telefônicas continue desigualmente distribuído entre campo e cidade, entre as regiões Norte e Nordeste e a

Centro–Sul, e entre as diferentes camadas da população, a expansão maior ocorreu nas regiões mais pobres e nas camadas de menor renda, e os números de telefones nos lares de baixa renda chegaram a quintuplicar. Na região Centro–Sul, os grupos de renda D já atingiram 50% de telefones por lar, equivalente à média nacional. Ainda assim, a maioria dos pobres e a quase totalidade dos indigentes no Brasil não têm acesso a um telefone.

Os números da expansão de linhas de telefonia celular são ainda mais impressionantes: 800.000 telefones celulares em 1994, 4,4 milhões em 1998 e 28,7 milhões em 2001. Com isso, o Brasil ocupa o nono lugar no ranking mundial. A densidade por habitante de telefones celulares passou de 0,5 aparelho para cada 100 habitantes em 1994, para 17 aparelhos em 2001, com a predominância dos serviços pré-pagos (68% do total). Em 2001, 51% dos domicílios brasileiros tinham telefone fixo. A expansão do telefone fixo, mesmo no período em que explode a venda de telefones móveis, é um indicador da demanda reprimida, mas a tendência atual é de diminuição da taxa de crescimento da telefonia fixa, enquanto a telefonia móvel ainda tende a apresentar importante taxa de crescimento. Nos próximos anos, as linhas de telefonia celular deverão superar o número de telefones fixos.

Embora o telefone celular, como vimos anteriormente, se adapte melhor às necessidades da vida moderna, o telefone fixo continua a ter importância estratégica para a universalização de serviços de comunicação, pois possivelmente ele será o principal vetor da próxima convergência entre Internet e televisão.

O aumento do número de linhas nos anos noventa apontava para a tendência à universalização da telefonia em curto prazo. Infelizmente, o prognóstico não se realizou. A expansão do sistema telefônico já começou a dar fortes sinais de que está enfrentando uma outra barreira, mais contundente que a da disponibilidade de linhas: os limites do poder aquisitivo de parte considerável da população. Os contratos de concessão previam que as empresas instalassem um número determinado de linhas como parte da política de universalização de serviços e, à medida que atingissem estas metas, ficariam liberadas para atuar fora de suas áreas originais. As empresas se apressaram para instalar um grande número de linhas, mas somente 75% destas linhas estão hoje ativadas, pois parte da população não tem condições de pagar a assinatura mensal, cujo valor – antes subsidiado – aumentou após as privatizações. A devolução ou corte de linhas por falta de pagamento transformou-se num problema crônico. As projeções de expansão das empresas de telefones celulares também foram reduzidas, embora se trate ainda de um mercado em expansão.

À proporção que a telefonia fixa e celular se dirige crescentemente para os setores de menor renda, a receita promédio gerada pelos novos usuários tende a cair. Como indicamos anteriormente, para boa parte dos usuários o telefone pré-pago é um instrumento de recepção mais que de emissão de mensagens. Este serviço não se transforma numa fonte de déficit para as empresas em virtude do repasse de pagamento de interconexão – efetuado pelas empresas proprietárias das linhas que emitem a chamada. No caso dos telefones fixos, a expansão da rede para setores de baixa renda implicou igualmente a queda constante de uso medido em pulsos médios por linha em serviço. A queda de faturamento por linha é uma tendência natural da disseminação do sistema telefônico, já que o valor médio da conta mensal diminui à medida que ele é usado por setores de menor renda.

A expansão da TV a cabo não só confirma este diagnóstico como mostra que o problema atinge inclusive setores de classe média. Apesar do esforço de expansão da área de cobertura – a capacidade instalada de TV a cabo e Distribuição de Sinais Multiponto Multicanais (MMDS) foi projetada para atingir 10 milhões de domicílios –, a TV a cabo no Brasil não acompanhou as projeções originais. Em 2001, incluía somente 3,6 milhões de assinantes, e nos últimos anos o crescimento foi ínfimo. De 2000 a 2002, o número de novos assinantes chegou a ser quase tão expressivo quanto o número de cancelamentos. Embora o preço da assinatura da TV a cabo tenha diminuído nos últimos anos, ainda chega a custar um quarto do valor do salário mínimo. Orientada para uma população particularmente interessada em emissões em língua estrangeira, a TV a cabo tem se mostrado até o momento um serviço pouco atrativo e não prioritário, mesmo para segmentos da classe média. A principal empresa no setor, a NET Serviços, que inclui entre seus produtos o acesso à Internet, passa por uma grave crise financeira.

No Brasil se deu um processo análogo ao de outros países de renda per capita similar, países que, nos anos noventa, apresentaram uma significativa expansão do sistema telefônico em virtude de uma demanda reprimida, mas que, uma vez satisfeita, se estagnou. A oferta de novas linhas passou a enfrentar a rigidez da distribuição de renda: uma parte importante da população não gozava de poder aquisitivo mínimo para manter uma linha.

A sociedade da informação no Brasil: *e-readiness*

Como na maioria dos países, a Internet chegou ao Brasil inicialmente através do sistema científico, onde se disseminou rapidamente. Em 1989, é criada a Rede Nacional de Pesquisa (RNP), que realiza as primeiras conexões entre centros de pesquisa brasileiros e estadunidenses; em 1991, instala-se a primeira rede regional de Internet para fins científicos, expandida pelo CNPq em 1992 para 10 estados; em 1994, começa a ser oferecida a Internet comercial, inicialmente via Embratel e posteriormente através de outras empresas; a partir de 2001, inicia-se a comercialização da Internet de banda larga (Internet 2) por várias empresas, especialmente aquelas já instaladas na área de telefonia e de televisão a cabo, embora atuassem sempre em regiões de aglomerações urbanas onde possuíam centrais e instalações ou cabeamento adequado.

As diversas avaliações sobre *e-readiness* colocam o Brasil no pelotão intermediário do sistema internacional. Nesse segmento, ele ocupa uma posição de ponta em algumas áreas, como em B2B, e-governo e ciência e tecnologia, mas sua indústria de software e de produção de conteúdos e de formação de recursos humanos ainda apresenta um desenvolvimento relativo menor, comparado a grandes países com níveis equivalentes, ou mesmo menores, de desenvolvimento econômico.

De acordo com uma recente pesquisa da empresa Nielsen-NetRatings, o Brasil representa 2% da população mundial com acesso à Internet no domicílio, aparecendo em sétimo lugar no ranking internacional de países, liderado pelos Estados Unidos, com 168,6 milhões de pessoas (79% da população maior de 16 anos) conectadas à Internet.

A sociedade da informação no Brasil: e-desenvolvimento

Os gastos com as tecnologias da informação e da comunicação na economia brasileira representavam 2,7% do total do PIB (Produto Interno Bruto) em 1995, subindo para 8,3% em 2000. No período de 1995 a 2002, as vendas de software passaram de 700 para 2.557 milhões de dólares, e o setor de telecomunicações se transformou, no período de 1999 a 2001, no principal segmento de investimento estrangeiro. De 1998 a 2001 o número de postos de trabalho oferecidos pelas empresas de telecomunicações passou de 152,9 mil para 250.000, e o PIB do setor aumentou a partir de 1992, de forma quase constante, numa taxa anual superior a 10% .

Em certos setores de e-desenvolvimento, o Brasil, no contexto latino-americano, ocupa um lugar de destaque. O país possui um dos sistemas de automação bancária mais avançados do mundo e tem exportado know how nesta área. Na área de B2B, o Brasil representa, segundo diferentes avaliações, entre 60 a 80% do total de transações realizadas na América Latina. O peso do Brasil nesta área está em boa medida associado à importância do setor financeiro e de seu alto grau de informatização.

Na área de B2C, o Brasil não tem o mesmo nível de performance e, de acordo com dados do ano 2000, à diferença dos demais países da América Latina, o B2C era utilizado majoritariamente para compras dentro do país.

Tal situação se explica pelas altas taxas de importação que os consumidores pagam sobre qualquer produto procedente do exterior. O setor de B2C no Brasil enfrenta outra barreira, além da exclusão digital: o número de possuidores de cartão de crédito não alcança o patamar de um quarto da população.

De acordo com pesquisa recentemente realizada pela Federação de Indústrias do Estado de São Paulo entre as microempresas do estado, 88% possuía computador, e entre as pequenas, 99%; entre as primeiras, 41% utilizavam algum tipo de programa de gerenciamento e entre as pequenas empresas a porcentagem ascendia a 57%. Em ambos os casos, os principais empecilhos para a informatização eram os custos do equipamento e dos programas. O Sebrae (Serviço Brasileiro de Apoio às Micros e Pequenas Empresas) oferece vários cursos on-line para formação de empresários e lançou um projeto de criação de telecentros para empresários, que ainda não possui uma definição clara dos conteúdos que serão oferecidos.

A utilização do ensino à distância nas empresas ainda se encontra pouco disseminado. Segundo levantamento recente, divulgado na *Revista Carta Capital*, a maior parte das empresas pesquisadas não utiliza o ensino à distância. Entre as empresas que o utilizam, as áreas mais visadas são as de vendas e técnica, seguidas pelo marketing.

Como em todo o mundo, o Brasil tem passado por um processo de concentração de provedores e de portais de acesso, que se transformam na principal fonte de informação para os internautas. Quatro grandes portais representam mais da metade das páginas visitadas na Internet. Processo similar de concentração aconteceu com os provedores gratuitos de acesso, mercado que hoje praticamente é monopolizado pelo iG (Internet Grátis).

Considerando que a disponibilidade de serviços de Internet de alta qualidade é uma precondição para o estabelecimento de novas empresas modernas, no contexto atual brasileiro a telemática leva ao fortalecimento de alguns pólos em torno de grandes centros urbanos em detrimento da maioria dos municípios do interior. A conectividade é condição de desenvolvimento local e deverá ser levada em consideração em políticas de desenvolvimento regional.

A sociedade da informação no Brasil: exclusão digital

• Contexto social – Para determinar os limites das possibilidades de expansão da Internet, a primeira – e fundamental – variável é o nível de alfabetização. No Brasil, em 2001, 94% das crianças em idade escolar estavam matriculadas nas escolas, mas 41% dos estudantes não finalizaram o ensino fundamental (de 1ª a 8ª série). Entre os adultos, a situação é ainda mais dramática: 64% dos chefes de família possuem o primeiro grau incompleto, e o índice de analfabetismo entre maiores de 15 anos chega a 13,6%. Calcula-se em torno de 30% o percentual de adultos tecnicamente analfabetos (sem capacidade efetiva de leitura sustentada e escritura de frases). A escolaridade média das pessoas com idade superior a 25 é de 5,9 anos, e se o sistema universitário tem se expandido, ainda se encontra muito aquém da realidade de países com similar nível de renda.

A situação socioeconômica também afeta as chances de acesso, e nesta área a situação brasileira é particularmente lamentável. A porcentagem de pobres no total da população brasileira em 2001 era de 33,6 %, com 14,6% da população considerada indigente. A linha de indigência é definida pela metade da renda da linha de pobreza. Os níveis de desigualdade social encontram-se entre os mais altos do mundo.

Se a desigualdade medida pela renda individual nas últimas décadas se manteve dentro do mesmo patamar histórico, em termos de infra-estruturas o Brasil avançou significativamente e, em 2002, 96% dos domicílios possuíam energia elétrica. Em relação aos meios tradicionais de comunicação, a situação é bastante confortável: em 2001, 89,1% dos lares possuíam televisão, e o rádio atingia uma porcentagem ligeiramente superior.

• Número e distribuição de usuários – Como indicamos anteriormente, o acesso à Internet pode ser realizado no domicílio, no trabalho, na escola ou em telecentros (incluindo pontos de acesso público). Os dados existentes concentram-se no acesso domiciliar. Não existem avaliações precisas sobre o número e perfil de pessoas que só possuem acesso à Internet no trabalho, enquanto o número de telecentros no Brasil ainda não chega a ser freqüentado por uma massa crítica relevante. Portanto, nos concentraremos, a seguir, no acesso domiciliar e retomaremos, mais adiante, o acesso nas escolas.

Para o acesso à Internet, no nível atual de tecnologia utilizada no Brasil, é necessária uma linha telefônica fixa ou televisão a cabo. Como as pessoas que possuem televisão a cabo geralmente possuem um telefone, o dado central é o da telefonia fixa. No Brasil, em 2001, isso correspondia a um total de 51,1% dos domicílios. A segunda condição é possuir um computador. Em 2001, 12,5% dos domicílios possuíam um computador e a quase totalidade de proprietários de computadores se concentra em lares de classes média e alta.

Embora tenham sido planejadas no Brasil experiências de produção de computadores de baixo custo, com financiamento facilitado por instituições bancárias ligadas ao setor público, estas iniciativas, até o momento, não apresentaram resultados. O novo governo do presidente Lula já anunciou o lançamento de um novo programa com este objetivo.

Em janeiro de 2003, de acordo com o Network Wizards, o Brasil possuía 2.237.527 hosts, ocupando o nono lugar no mundo. O número é equivalente ao do conjunto dos países da América Hispânica, mas inferior a 2% do total dos Estados Unidos. Como indicamos, é difícil saber o número de usuários *por host* (isto é, computador ligado à Internet). De acordo com a empresa Nielsen-NetRatings, no final de 2002, no Brasil, o número de pessoas maiores de 16 anos de idade com acesso à Internet chegou a 19,7 milhões, dos quais 14,3 milhões acessam a Internet a partir de computadores domésticos, o que representa em torno de 8% da população do país. O estudo, que mede a audiência na Internet, afirma que o número de internautas no Brasil cresceu em 2,1 milhões no último ano. Até maio de 2002, o número de domínios registrados no Brasil se aproximava a meio milhão.

Apesar do crescimento exponencial do número de pessoas com acesso à Internet no Brasil, a porcentagem de usuários que utilizam banda larga, no início de 2003, era em torno de 5% do total. Trata-se de uma porcentagem preocupante, pois, como indicamos anteriormente, a exclusão digital é um fenômeno dinâmico e os conteúdos disponíveis na Internet tendem a se dirigir aos usuários de banda larga.

A Internet acompanha, e em certos casos aprofunda, o padrão nacional de desigualdade, por ser um fenômeno particularmente concentrado nas grandes metrópoles do país (em 2002 somente 350 dos municípios – 6% do total – contavam com provedores de acesso sem ter de utilizar telefonia de longa distância) e nas regiões mais desenvolvidas. No quartel mais rico da população, concentram-se 90% dos usuários, e estes setores possuem uma taxa de pessoas com acesso à Internet similar ao promédio dos países avançados.

Pesquisa realizada pela Fundação Getulio Vargas, com dados dos censos de 2000 e 2001, confirma tendências previsíveis: o acesso à Internet concentra-se nos segmentos com maior nível de escolaridade e maior renda, no meio urbano e nos estados mais ricos da federação. A distribuição desigual de acesso se reproduz no interior de cada estado e município (por exemplo, no município do Rio de Janeiro, no distrito da Lagoa, 59% das pessoas têm acesso a computador enquanto no distrito Complexo do Alemão o número não chega a 4%). A pesquisa indica que domicílios com crianças têm menos chance de ter computador, o que expressa tanto a distribuição típica da capacidade de consumo dentro do ciclo de vida familiar como o fato de que, no Brasil, a taxa de natalidade é superior nos setores mais pobres da população. Não foram encontradas diferenças relevantes no acesso à Internet entre homens e mulheres, mas o estudo mostra que a população negra tem menos chances de possuir um computador e Internet, dado o mesmo nível de escolaridade e de inserção profissional.

Educação e cultura

Como indicamos, em 2001, 94% das crianças em idade escolar estavam matriculadas no ensino fundamental (até a 8ª série) e 65% no ensino médio até o 3º ano. Este importante logro, que tirou o Brasil de uma tradicional posição desconfortável em relação a outros países latino-americanos com renda per capita similar, foi possível graças a políticas de incentivo à permanência na escola (como merenda escolar e bolsa-escola) e da diminuição da repetência escolar que fizeram do Brasil, nos anos noventa, possivelmente o único país latino-americano em que se diminuiu o número absoluto e relativo de alunos em escolas privadas.

Este sucesso fica, porém, parcialmente empalidecido pelo baixo rendimento escolar dos alunos, que reflete fundamentalmente, além do contexto social e cultural da família, a baixa qualificação dos professores. Não surpreende que a Internet tenha sido apresentada como uma espécie de solução mágica que poderia resolver o problema do treinamento dos professores e da qualidade do ensino. Apesar de algumas experiências isoladas, inexiste ainda no governo uma proposta operacional clara, para as escolas públicas, sobre o ensino e o uso de multimídias e Internet nas escolas.

A rede pública de ensino estrutura-se sob a responsabilidade ou das prefeituras, ou dos estados, ou, em certos casos, do governo federal. Na área da telemática, as escolas recebem muitas vezes apoios dos três níveis institucionais da federação, seja na forma de treinamento de professores ou de distribuição de computadores. A fragmentação de políticas é agravada pela inexistência de uma política nacional que desenvolva currículos associados a um projeto de capacitação de professores para a utilização dos diferentes instrumentos da telemática e para o ensino da telemática nas escolas. Em 1997 foi criado pelo Ministério da Educação um programa específico de disseminação da informática nas escolas, o ProInfo, que deveria utilizar os recursos do Fust ((Fundo de Universalização dos Serviços de Telecomunicações). Em decorrência de uma discussão no Congresso Nacional sobre qual deveria ser o software a ser utilizado, o de arquitetura aberta ou o comercial, o programa está, até o momento, paralisado.

De acordo com o censo do Ministério da Educação, realizado em 1999, somente 3,5% do total das escolas de ensino básico estavam conectadas à Internet. Nas escolas privadas, que compreendem em torno de 10% do total de alunos, o computador e o acesso à Internet são muito disseminados e utilizados como mecanismo de divulgação de uma imagem de modernidade das escolas. De acordo com o mencionado levantamento da Fundação Getulio Vargas, do total das escolas conectadas à Internet 62.7% eram particulares. Uma das características do ensino escolar privado no Brasil é a presença de grandes grupos que, diretamente ou por franchising aglutinam dezenas de centros escolares. Estes grupos desenvolvem geralmente seus próprios programas de multimídia e sites de apoio ao professor, alunos e pais.

O mesmo levantamento indica um crescimento de escolas com laboratórios de informática. Enquanto em 1997 20% dos alunos matriculados no ensino fundamental regular encontravam-se em escolas com Laboratório de Informática, este número passou, em 2001, para 23,9% (não há indicações sobre as dimensões efetivas destes laboratórios nem sua distribuição entre escolas públicas e privadas). Do total de alunos matriculados nas escolas de 1ª a 4ª série, 14,66% dispunham de laboratórios de informática, mas somente um quarto deles tinha acesso à Internet. Em escolas de 5ª a 8ª série, 35,68% dos estudantes possuíam laboratórios de informática e aproximadamente um terço deles tinha acesso à Internet. Finalmente, no ensino médio, 58,5% contavam com Laboratórios de Informática, dos quais 45,64% tinham acesso à Internet. Reproduzem-se aqui, novamente, as diferenças dramáticas entre estados e municípios, entre meio urbano e rural.

A pesquisa também indica que crianças com acesso à Internet em casa apresentam melhor desempenho na escola. Trata-se, porém, de uma correlação insuficiente para explicar a performance dos alunos, pois geralmente as crianças com acesso a computador pertencem a famílias mais ricas, com maior nível educacional e estudam em escolas privadas, fatores capazes, por si sós, de explicar o desnível de desempenho.

Apesar de os indicadores de aumento de escolas com acesso a computadores e à informática terem sido constantes, não podemos esquecer que ainda em 1999, 29,6% do total das escolas não tinham acesso à energia elétrica, e somente 23,1% possuíam biblioteca. Esta situação atinge níveis dramáticos nas regiões Norte e Nordeste do país.

Nos anos noventa, surgiram várias empresas privadas de produção de material de Internet destinado ao sistema educacional, em particular aos ensinos fundamental e médio. Com a crise da chamada nova economia, muitas delas fecharam ou perderam muito de seu impulso. Na atualidade, a maioria dos principais sites de apoio ao professor é produzida por fundações, secretarias estaduais de educação e alguns grandes provedores.

O apoio das universidades ao ensino escolar é bastante fragmentado. Sobressai a experiência da Escola do Futuro, da Universidade de São Paulo, que conjuga pesquisa tecnológica com produtos didáticos e de formação de professores no uso da Internet. Em termos de ensino a distância, destaca-se o Telecurso 2000, da Fundação Roberto Marinho. Este telecurso se dirige a alunos que abandonaram a escola, aos quais a legislação brasileira permite a realização de exames que outorgam o diploma de finalização dos ensinos fundamental e médio. O telecurso é transmitido pela televisão (mas também pode ser obtido em vídeos) e é complementado por uma série de livros. Como veremos mais adiante, o Viva Rio tem uma de suas atividades baseada no Telecurso 2000.

Na área de ciência e tecnologia, a informatização tem sido precoce, inclusive em relação a padrões internacionais, e hoje praticamente todas as universidades se comunicam com seus funcionários e, em parte, com seus estudantes, através da Internet. O Conselho Nacional de Política Científica e Tecnológica (CNPq) e o Ministério da Educação disponibilizam pela Internet para os pesquisadores brasileiros coleções de revistas e catálogos de bibliotecas que facilitam a interação das bibliotecas locais com o exterior. O Instituto Brasileiro de Informação em Ciência e Tecnologia (Ibict) está desenvolvendo um projeto de integração das bases digitalizadas das bibliotecas de todo o país, trabalho considerado uma referência na América Latina.

Apesar do desenvolvimento no uso da Internet, o ensino superior no Brasil não tem tradição de educação a distância. Somente nos últimos anos as universidades públicas e algumas privadas começaram a desenvolver cursos, geralmente de nível de pós-graduação, e a organizar consórcios, alguns latino-americanos. Em 1999 foi criada a UniRede (A Universidade Virtual Pública do Brasil), um consórcio de 70 instituições públicas de ensino superior, que tem por objetivo desenvolver programas de educação a distância para graduação, pós-graduação e extensão. De acordo com pesquisa realizada pela Unisul Virtual, em 2002 existiam 84.713 alunos matriculados em 60 cursos superiores a distância, autorizados pelo Ministério da Educação ou pelos Conselhos Estaduais de Educação.

No final dos anos noventa, a entrada maciça de cursos estrangeiros de pós-graduação, geralmente associados a universidades privadas nacionais, produziu uma enxurrada de pedidos de reconhecimento de diplomas ao Ministério da Educação e Cultura (2.700 pedidos acumulados em 2002). Dada a dúbia qualidade de muitos cursos, o Ministério decidiu que era preciso definir os critérios de certificação de cursos à distância e suspendeu a outorga de autorizações.

e-governo

O Brasil, nas áreas de e-governança e e-governo, no período do governo Fernando Henrique Cardoso (1995-2002), apesar de certos tropeços, apresenta realizações importantes. Avanços também foram realizados, embora de forma desigual, nos estados, enquanto o saldo no nível municipal é bastante insatisfatório. É difícil exagerar a importância que a utilização pelo governo de meios eletrônicos de comunicação e informatização dos serviços públicos poderá ter no Brasil para a redução da corrupção, a apropriação privada de bens públicos e o enorme desperdício e ineficiência aos quais o estado e o funcionalismo público estiveram associados desde a criação do Estado brasileiro. O acesso dos cidadãos e empresas a documentos e informação, a disponibilização no ciberespaço de licitações e de informações sobre a execução dos orçamentos governamentais, a unificação e o aprimoramento de bancos de dados sobre segurança pública, o preenchimento de vagas nas escolas e marcação de horário no sistema de saúde pública pelo telefone ou pela Internet são algumas das inúmeras áreas em que a Internet pode representar um instrumento de reforma e democratização do Estado.

No Brasil, o governo federal, durante o período Fernando Henrique Cardoso, apresenta em várias áreas de e-governança diversas histórias de sucesso. Foi um dos primeiros países a introduzir a declaração de imposto de renda por Internet, e hoje está entre os líderes em escala internacional, com praticamente a totalidade das empresas e 80% dos contribuintes declarando via Internet (o que reflete também a estreita base de contribuintes no Brasil). A experiência brasileira de voto eletrônico é exemplar e se encontra entre as mais avançadas no mundo em eficiência e confiabilidade. A lei de Austeridade Fiscal exige dos governos federal e estadual a publicação da informação sobre execução orçamentária na Internet, o que aumenta a transparência e possibilidades de fiscalização das atividades do governo.

Um outro setor em que o governo federal obteve sucesso foi na área de compras e licitações, tradicionalmente fonte de corrupção e desvio de dinheiro. Em 2002, em torno de 5% das compras governamentais são realizadas em leilões eletrônicos e mais de 50% através de licitações e tomadas de preço via Internet. O governo avançou na consolidação da chamada Infra-estrutura de Chave Pública, que deverá assegurar regras e padrões de segurança para a tramitação, certificação e autenticação de documentos eletrônicos. Entre a direção dos ministérios e as relações entre eles e a presidência da República, toda a transmissão de documentos hoje é realizada eletronicamente.

Todos os organismos do governo federal possuem páginas na Internet com informações constantemente atualizadas, oferecendo vários serviços relativos à documentação, pagamento de impostos, benefícios previdenciários e obtenção de certidões e documentos e inscrições em concursos públicos. Embora os diversos sites do governo federal tenham um desenvolvimento desigual, foi implantado um portal que permite a pesquisa e oferece links com todos os sites das mais variadas instituições públicas. Em vários estados, o poder judiciário disponibilizou serviços on-line para o acompanhamento de processos.

O Brasil tem facilitado a expansão dos negócios via Internet e tem avançado bastante na elaboração de legislação específica, na punição de crimes eletrônicos, na tramitação de documentos e na proteção da privacidade. Esta legislação exige aprimoramentos, em particular no que diz respeito à adaptação da legislação comercial para transações eletrônicas, tais como o reconhecimento de assinatura digital, regimes de tributação de produtos e serviços e defesa do consumidor virtual e do usuário de Internet.

A legislação específica que regula os direitos autorais para o setor audiovisual, programas de computador e bancos de dados foi consolidada em 1998 nas leis 9.609 e 9.610. Os direitos autorais para os autores de software são protegidos por um período de 50 anos, independentemente de o material estar registrado. A lei obriga que os vendedores de software ofereçam assistência técnica. O governo está elaborando proposta de leis sobre comércio via Internet e assinatura eletrônica, e decretos-leis autorizam o uso de assinatura eletrônica em documentos governamentais.

Apesar desses avanços, a atividade do governo federal na área da telemática apresenta problemas de desencontros e duplicação de esforços. No final de 1999 foi criado o Programa Sociedade da Informação no Brasil (Socinfo), que em 2000 produziu um excelente documento, o "Livro Verde – Sociedade da Informação no Brasil", em que se mapeava a situação do país e se sugeriam metas e políticas específicas. O programa propunha-se a promover uma maior coordenação das atividades e identificar e estimular projetos de valor estratégico. Nos primeiros dois anos de funcionamento, a Socinfo apoiou o desenvolvimento de projetos nas áreas de conexão de bibliotecas e ONGs à Internet, a implantação do Cartão Nacional de Saúde, dos Terminais de Serviço ao Cidadão, o desenvolvimento de programa de comércio eletrônico para pequenas empresas e tecnologia de tradução automática de textos do e para o português. Todos os softwares associados ao Socinfo utilizam tecnologias abertas.

O Socinfo teve uma destacada presença nos fóruns internacionais, ocupando um papel de liderança na elaboração das posições da região. Apesar do impacto do Livro Verde, considerado uma referência internacional, e da qualidade técnica da equipe do Socinfo, boa parte da ação do programa foi paralisada pela dependência de recursos do Fust, que nunca chegaram a ser liberados, e por limitações políticas. Sua integração ao Ministério de Ciência e Tecnologia, um ministério com peso e recursos limitados, não permitiu a transformação do programa num efetivo centro de coordenação das atividades governamentais.

Um segundo centro de decisões, que afeta o campo de atividades de luta contra a exclusão digital, é a Anatel (Agência Nacional de Telecomunicações), responsável pela regulação e fiscalização do sistema de telecomunicações e pela execução do Fust, o que será analisado em detalhe no quadro do final do capítulo.

Nos estados, a disseminação da Internet apresenta um ritmo desigual, embora avance constantemente. Certos estados e municípios possuem políticas de criação de telecentros, como o Acessa São Paulo, programa do governo do estado de criação de telecentros para as populações carentes, com cursos e acesso gratuito, e o Plano de Inclusão Digital da Prefeitura de São Paulo, que utiliza nos telecentros, também com acesso gratuito, o sistema operacional GNU/Linux.

Os estados do Centro-Sul e a Bahia apresentam um nível bastante alto de utilização de Internet na divulgação de informação, serviços ao cidadão (entre outros, matrícula em escolas públicas, dados cadastrais e tributários) e vários deles aderiram ao sistema de governo de compras on-line. A situação é muito mais comprometida na esfera municipal: enquanto os municípios das grandes metrópoles apresentam um nível comparável aos estados mais avançados, a maioria dos municípios não possuem nenhum serviço ou informação via Internet e nem mesmo estão informatizados.

ONGs

A Internet e as ONGs no Brasil se associaram precocemente. O Ibase, ONG localizada no Rio de Janeiro, teve sua origem na proposta de criar sistemas alternativos de informação para os setores populares, e foi a primeira instituição privada no Brasil a oferecer serviços de Internet. Em 1995, foi idealizado o Rits (Rede de Informática para o Terceiro Setor), com o objetivo de promover a incorporação da Internet pelas ONGs, oferecendo serviços de apoio técnico e informações para a sociedade civil. Existem diversas iniciativas no Brasil de luta contra a exclusão digital, não somente de ONGs, mas também de universidades e empresas.

A experiência do Viva Rio, que será analisada a seguir, sobressai pela amplidão e variedade das atividades – relacionando a luta contra a exclusão digital com a luta contra outras formas de desigualdade social –, pela transformação da Internet num instrumento a serviço das comunidades carentes e pela produção de conteúdos e produtos inovadores. Mas antes de apresentar o Viva Rio, realizaremos uma pequena introdução ao mundo onde ele atua – o mundo da favela.

Quadro F – A regulação das telecomunicações e a exclusão digital no Brasil

A Agência de Regulação de Telecomunicações (Anatel) foi criada dentro do processo de privatização das empresas de telefonia, para promover a concorrência e a diminuição do preço dos serviços, preservar os interesses dos investidores e acionistas, assegurar o respeito aos termos contratuais, sob os quais foram outorgadas as concessões, e garantir a universalização dos serviços de telefonia. Existem várias definições do que se deve entender por universalização de serviços, mas o sentido geral é de assegurar o fornecimento de serviços a todos os usuários, a preços condizentes com suas possibilidades.

A criação da Anatel não foi preparada com os devidos cuidados que deveriam anteceder as privatizações, mas tem mostrado grande eficácia operacional, e é considerada por avaliações internacionais como um modelo de funcionamento. A Anatel transformou-se na principal referência dos consumidores de telecomunicações, que realizaram 4,21 milhões de reclamações em 2001, e, segundo a Anatel, 92% dos problemas foram solucionados durante o atendimento. A atuação da Anatel na diminuição de preços de ligações telefônicas apresenta resultados modestos, e permanecem as dificuldades para se assegurar uma efetiva concorrência, mas no setor de telefonia as estruturas se mantêm oligopólicas inclusive em países pioneiros no processo de privatização, como o Reino Unido.

Com o objetivo de assegurar a democratização do acesso aos serviços de telecomunicações, em 2000 foi estabelecido o Fust (Fundo de Universalização dos Serviços de Telecomunicação), cujo objetivo é financiar gastos com a universalização de pontos de acesso comercialmente não viáveis, pontos que se encontram fora das metas de universalização de infra-estruturas estabelecidas para as empresas concessionárias. Os recursos do Fust se originam da contribuição de 1% da receita operacional bruta das empresas prestadoras de serviços de telecomunicações e de 50% dos recursos arrecadados pelo Fistel (Fundo de Fiscalização das Telecomunicações), que inclui recursos recebidos pela outorga de concessões de telecomunicações e multas. O Ministério das Comunicações é responsável pela definição das grandes linhas e prioridades de utilização dos recursos do Fust, e a Anatel é responsável pela operacionalização e fiscalização.

A operacionalização do Fust tem apresentado dificuldades. Não somente em decorrência de recursos bastante limitados em relação aos objetivos estabelecidos (nos Estados Unidos um fundo similar recebe 2,2% do faturamento das empresas de telecomunicações), mas porque até 2003 os projetos associados ao Fust não tinham saído do papel, pois os recursos do Fundo tinham sido contingenciados pelo governo federal para assegurar os superávites orçamentários.

A Anatel não possui nem os instrumentos nem a capacitação interna para implementar e fiscalizar o uso do Fust. Estas atividades podem levar a Anatel a um conflito de interesses, entre a exigência de isenção na função reguladora e as exigências das políticas necessárias à efetiva implantação de acesso universal. O objetivo da universalização dos serviços de telecomunicações, em particular da Internet, supera o mandato da Anatel e de sua capacidade operacional. Metas de universalização de acesso são parte constitutiva dos contratos de concessão, mas elas se referem à disponibilização de linhas e, como vimos, a oferta deve confrontar os limites do poder aquisitivo de uma parcela significativa da população. O peso da carga tributária que incide nos preços das chamadas telefônicas – entre as mais altas da América Latina – é em parte responsável pela dificuldade de o usuário arcar com o custo dos serviços de telefonia. Contudo, a questão mais ampla de criação de mecanismos que assegurem o acesso universal inscreve-se na competência política do governo federal.

As limitações da Anatel para a execução de políticas específicas de universalização de serviços não significa que ela não disponha de condições para desenvolver iniciativas que favoreçam aos setores excluídos. Por exemplo, sua proposta recente de criar um número diferenciado para acesso à Internet (o chamado Projeto 00i0), que permitirá ao usuário de municípios sem provedores de serviços de Internet ter acesso a um provedor sem pagar uma ligação de longa distância.

Até o momento, as soluções propostas para a criação de pontos de acesso coletivo continuam paralisadas. Os "Quiosques de Acesso Gratuito" dos Correios e os "Pontos Eletrônicos de Presença" do programa Governo Eletrônico – Serviço de Atendimento ao Cidadão (Gesac) ainda não saíram do papel. Alguns projetos, como a criação do cartão-saúde, informatização das escolas e redes digitais interligando todo o sistema escolar e ensino profissionalizante, não só apresentam prazos irrealistas de implantação como supõem resolvidos os problemas de capacitação local de recursos humanos, de experiências-piloto, de análise detalhada dos contextos e necessidades locais e, no caso das escolas, da formação dos professores e da elaboração de curriculum adequado ao ensino crítico do uso da Internet.

VI

Favelas, consumo e violência

A construção imaginária das favelas

A imagem de uma sociedade polarizada entre "integrados" e "excluídos", em que uma minoria de classe média e alta usufrui as benesses da modernidade enquanto a maioria da população vive num "outro mundo", de marginalidade cultural, social e econômica, não só permeia o discurso político como foi adotada por boa parte dos cientistas sociais, das organizações internacionais e das ONGs. Esta visão se sustenta tanto na tendência natural de pensar em oposições como na sua capacidade de mobilizar sentimentos morais e preconceitos. Mas não se sustenta na realidade social.

A maioria da população brasileira está integrada nos valores e expectativas da sociedade global, tem acesso a vários serviços públicos e luta cotidianamente, com bastante sucesso, como veremos, para adquirir os bens oferecidos pelo mercado. Simultaneamente, contudo, sofre com a pobreza, com a desigualdade social e com o limitado acesso aos bens de consumo coletivo, em particular, com a ausência de proteção policial. A violência, ela mesma produto das expectativas igualitárias e da disponibilidade de jovens sem horizonte que procuram uma rápida inclusão social (no sentido de obtenção de dinheiro fácil e de reconhecimento), é a principal geradora de exclusão, pois desencadeia a estigmatização do conjunto dos moradores das favelas, a dinâmica de confronto com a polícia e a destruição das relações de sociabilidade e confiança sob o peso da repressão dos bandidos e dos policiais.

A favela é uma dessas categorias sociais que, originadas em uma realidade histórica e contexto precisos, com o passar do tempo perdem seus contornos e sentido original, adquirem múltiplas conotações e se associam aos mais diversos "pré-conceitos". A denominação "favela" surge no Rio de

Janeiro nas primeiras décadas do século XX para designar os conjuntos populacionais, produtos de ocupação ilegal, geralmente nas encostas da cidade, próximos aos bairros de classe média. Os barracões, construídos com materiais precários, sem prévio planejamento nem diagramação urbana, não contavam com o acesso a serviços públicos e eram habitados, em geral, por pessoas extremamente pobres, sem emprego fixo e, muitas vezes, por imigrantes. Esta imagem, ainda presente no imaginário dos moradores do "asfalto" – para empregarmos a denominação que os habitantes do "morro" dão ao "resto" da cidade – está, hoje, descolada da realidade.

Com o passar dos anos, as favelas cresceram, expandiram-se para regiões um pouco mais distantes, e foram perdendo suas características originais. Em pouco tempo, os barracos multiplicaram-se, não só pelo centro mas também pela Zona Sul, e então o termo passou a ser utilizado para nomear as comunidades de baixa renda que se formavam a partir de uma concentração de barracos de zinco – material barato e muito usado nessas construções. Na década de 1940, existiam 60 favelas na cidade do Rio de Janeiro. Hoje, esse número já soma mais de 600.

De um fenômeno populacional marginal, passou a representar uma parte relevante da cidade, transformando-se em motivo de preocupação política. Entre os anos 50 e 70, o objetivo das políticas públicas era a remoção das favelas e a transferência de seus moradores para conjuntos habitacionais, em geral mais distantes das regiões centrais onde eles trabalhavam. Apesar de algumas experiências de remoção, a maioria das favelas permaneceu e continuou a se expandir, inclusive sob o olhar passivo dos governos militares, que – à falta de uma política de moradia para os recém-chegados nas cidades que se inchavam na época do milagre econômico – aceitavam a "solução" das invasões seguidas pela autoconstrução de moradia. Boa parte dos novos conjuntos habitacionais, produtos das remoções, entraram, por sua vez, num processo de "favelização", isto é, de expansão sem plano urbano nem provisão de serviços públicos.

Nos anos oitenta, com a democratização, a política de remoção foi abandonada, a não ser nos casos de moradias precárias em lugares insalubres ou que apresentassem risco de desabamento. Iniciou-se um processo de urbanização, com desenvolvimento de infra-estruturas e equipamentos urbanos e legalização de posse. Simultaneamente, os moradores das favelas foram transformando seus barracos precários em estruturas de tijolos, muitas vezes em edificações com vários andares. Quem visita hoje uma favela se surpreende com a distância existente entre a precariedade dos materiais empregados nas casas das chamadas "villas miséria" de outros países latino-americanos e a solidez da maioria das construções nesses núcleos urbanos.

O grande marcador que caracteriza historicamente a singularidade das favelas do Rio é o fato de estarem originalmente coladas aos bairros de classe média. Se isso foi um fator de tensão constante para os setores mais ricos, pela dificuldade de isolamento espacial, ao mesmo tempo funcionou, junto com outro espaço democrático, a praia, como ponto de encontro entre a cultura popular e a intelectualidade, o que produziu alguns dos fenômenos mais ricos da cultura brasileira – seja na música popular ou no carnaval – e, em geral, uma relação complexa de atração e repulsa, de conflito e de confraternização interclassista.

Na prática, hoje no Rio de Janeiro, sob o ponto de vista legal e socioeconômico, é difícil de ser identificada a distinção entre favela e bairros de baixa renda urbanizados, a não ser pela associação tradicional de certos conjuntos habitacionais à denominação "favela" ou pelo amontoado de moradias e falta de espaços de circulação – características particulares das favelas localizadas nos morros – que geram dificuldades de remoção de lixo e circulação de veículos. Como veremos, o Viva Rio atua, de fato, tanto nas favelas quanto em bairros pobres.

As favelas, inclusive por sua proximidade com os consumidores de drogas das classes médias, transformaram-se no espaço privilegiado da ação de gangues de traficantes, que controlam o espaço físico e social e geram uma dinâmica que renova velhos preconceitos e que associa a maioria dos habitantes da favela a um fenômeno do qual são as principais vítimas, à violência armada. Assim, o preconceito contra a favela ressurgiu nas últimas décadas no imaginário social, já não associada a uma realidade socioeconômica ou legal precisa – que, aliás, como vimos, tende a se diluir –, mas ao fenômeno da violência e da cultura da informalidade.

A realidade social das favelas: consumo

A maioria dos critérios que eram associados às favelas perdeu atualidade. Hoje, em geral, elas se encontram em melhores condições que muitos bairros pobres, inclusive porque muitas, especialmente as mais antigas, vêm recebendo há tempos investimentos públicos: a maioria tem acesso a luz, água corrente, esgoto e serviços – embora precários – de telefonia e coleta de lixo. O caráter ilegal das ocupações nem sempre se aplica, pois várias favelas, na prática, foram criadas a partir de loteamentos realizados por proprietários. O estado, por sua vez, iniciou um processo de legalização dos títulos de propriedade. A porcentagem de moradores proprietários nas favelas – em torno de 90%, de fato, já que muitas vezes os títulos de propriedade não estão formalmente legalizados – é mais alto que no conjunto da cidade. Uma parte dos habitantes das favelas tem trabalho regular, e boa parte de sua população não é mais formada por imigrantes do campo ou de outros estados.

O mundo das favelas é profundamente heterogêneo, tanto no que se refere à realidade social interna em cada uma delas como à enorme diferença entre elas. As casas das favelas localizadas na Zona Sul são muito valorizadas, pois seus moradores se encontram próximos à principal área de serviços e aos locais de trabalho, o que lhes permite maior economia de tempo e de gastos com transporte. A vista de muitas favelas localizadas nas encostas dos morros está entre as mais belas da cidade, e, por isso, algumas casas são alugadas em períodos de férias. O custo do aluguel de lojas nas ruas principais, sobretudo pela dificuldade de acesso às ruas laterais, são comparáveis aos preços de aluguéis em bairros de classe média.

Uma pesquisa realizada pelo núcleo Favela, Opinião e Mercado, do Iser, em colaboração com o Viva Rio, sobre um universo representativo do conjunto das favelas localizadas no Rio de Janeiro, obteve resultados surpreendentes: 51,3% dos moradores pertencem à classe C, 24, à classe B (dos quais 17,3% fazem parte da classe B2 e 6,8% da classe B1) e, surpreendentemente, 2,5% à classe A2. Apenas menos de 1% pertence à classe E (as classes foram estabelecidas de acordo com o Critério Brasil de Classificação Social, que considera como critério central os bens de consumo e moradia de cada entrevistado).

Apesar do difícil acesso aos produtos de bens de consumo – em particular pela dificuldade de obtenção de crédito –, as famílias conseguem economizar e investir em eletrodomésticos e utensílios para o lar. Dos entrevistados, 96% possuem televisão em cores, 55%, videocassete e cerca de 57% possuem lavadoras de roupa. O percentual de moradores que empregam domésticas mensalistas chega a 2,4% e o de moradores que dispõem de veículo próprio chega a 15%, a despeito do difícil acesso às ruelas das favelas.

Ainda que seja surpreendente o número de bens de consumo encontrados nas residências das favelas, o principal indicador das dificuldades de integração encontra-se no quesito educação: 25,4% dos adultos entrevistados não completaram os primeiros quatro anos de ensino, 37,5% completaram os primeiros quatro anos do ensino fundamental, mas não completaram até a 8ª série; 13,6% completaram o ensino médio, mas não conseguiram ingressar no ensino superior ou o abandonaram; somente 1,0 % consegue completar a universidade. A estes dados, deve-se acrescentar outra conclusão relevante: 25% dos jovens entre 15 a 25 anos não completaram o ensino fundamental, o que limita seu ingresso no mercado de trabalho e facilita sua cooptação pelo tráfico de drogas.

Todos estes indicadores mostram que o universo de pobreza urbana nas grandes cidades brasileiras apresenta uma linha divisória entre o acesso a bens de consumo coletivo e individual. No que depende da capacidade pessoal ou familiar de adquirir bens de consumo individual, os moradores da favela estão relativamente incluídos, mas continuam excluídos dos bens de consumo coletivo, em particular da educação e segurança, o que, por sua vez, afeta a qualidade de vida e as chances de emprego. A associação de favela à violência fez renascer o estigma de morar na favela, o que leva muitas vezes seus moradores a fornecerem outro endereço de moradia ao procurarem emprego.

A realidade institucional das favelas: nem guerra nem paz

Os anos setenta e oitenta foram um período de expansão da chamada sociedade civil e das organizações "de base" na favela, de surgimento de lideranças comunitárias, muitas delas associadas à igreja católica e à teologia da libertação. Também se iniciou o crescimento acelerado das igrejas protestantes, que hoje chegam a representar um quarto da população das favelas. A dinâmica entre estes elementos e o conjunto do sistema político foi bastante complexo e foi, por sua vez, transformada e desfigurada pela entrada maciça, na mesma época, das gangues ligadas ao tráfico de drogas.

As associações que surgem no fim dos anos setenta e inícios dos anos oitenta se apresentavam como movimentos sociais de um novo tipo, críticas do antigo clientelismo e desconfiadas dos partidos políticos. Mesmo antes de serem dizimadas pelo tráfico, tais associações começaram a perder seu impulso com os governos democráticos, pois foram colonizadas por partidos políticos e órgãos estatais, que, sob a justificativa de parcerias com as instituições locais para o desenvolvimento de infra-estruturas, transferiram-lhes importantes recursos que se transformaram em fonte de conflitos internos e novos clientelismos externos. O crescimento vertiginoso dos grupos evangélicos, por sua vez, transformou as orientações valorativas de uma parte da população, que passou a privilegiar a concentração pessoal no trabalho e na família e a canalizar a solidariedade pelas "obras" de sua igreja – condutas, portanto, distantes do espírito coletivista e ecumênico dos movimentos de base. Separando-se do mundo da política e das instituições seculares, as igrejas evangélicas mantiveram maior capacidade que a igreja católica progressista de separar o mundano e o sagrado, e a ela se voltam a maioria dos traficantes que procuram "renascer".

A partir dos anos oitenta, o tráfico de drogas cresce e se transforma na principal instituição com poder na favela, diante da qual muitas das lideranças comunitárias se atrofiaram, e à qual se subordinaram ou se associaram, sob o risco de serem fuziladas, como aconteceu com dezenas e dezenas delas que questionaram o poder do tráfico.

A tendência a explicar a importância social do tráfico pela falta de serviços públicos ou pela pobreza, que levariam os moradores a aceitar a "proteção" ou emprego nas gangues, é parcialmente válida. Como vimos, os serviços públicos têm melhorado, e os níveis de pobreza e de falta de horizonte da juventude, ainda que sejam fatores importantes, não explicam em si mesmos a importância do tráfico, embora ofereçam o caldo de cultivo adequado. A profunda inserção do tráfico de drogas – e o nível de violência a ele associado – é produto de uma longa história, de décadas e décadas, em que o Estado deixou as favelas nas mãos de chefões locais, que impunham a ordem pela violência e laços de proteção e subordinação clientelísticas e que mantinham relações de compadrio e corrupção com a polícia e políticos, favorecendo uma cultura de informalidade e ilegalidade.

A cultura da favela é dominada por estratégias de sociabilidade que se constroem à margem do Estado e muitas vezes em contraposição a ele. A informalidade está presente na construção e expansão das casas sem autorização das autoridades, no uso dos mais variados procedimentos para o não pagamento de contas de luz e água, nas lojas que não estão legalizadas e não pagam impostos e na desconfiança na polícia. Esta longa cultura de ilegalidade e rejeição do Estado facilita a atração dos jovens para o tráfico.

O tráfico de cocaína nas favelas está associado, por sua vez, a um fenômeno internacional, um dos negócios mais rentáveis do mundo, e que está aberto a recrutar membros com baixos níveis de qualificação educacional. No caso particular do Rio de Janeiro, os altos níveis de violência associados ao tráfico se alimentam da falta de uma política nacional de controle de armas, para a qual convergem desde policiais, que são muitas vezes fornecedores de armas, até interesses econômicos da indústria nacional, que exporta "legalmente" armamentos que retornam ao país de forma clandestina para alimentar o tráfico.

O tráfico de drogas e a violência no Rio de Janeiro

A história do tráfico de drogas no Rio de Janeiro tem uma trajetória original. No final dos anos setenta, surge no Brasil o fenômeno do tráfico de drogas, em particular da cocaína vinda da Colômbia. O estado transforma-se numa rota de conexão internacional e num centro de consumo local e passa a ser controlado por uma estrutura particular: o Comando Vermelho.

O Comando Vermelho originou-se nas prisões do Rio de Janeiro durante a ditadura militar, período em que nas prisões foram detidos os guerrilheiros revolucionários, com os quais os criminosos comuns aprenderam a importância da organização, da solidariedade coletiva e da proteção mútua, de forma a assegurar melhores condições na prisão e de defesa legal, além de se apropriarem de alguns slogans de crítica social. Inicia-se assim a criação do que terminará sendo conhecido como o Comando Vermelho, uma estrutura de crime organizada, que posteriormente se dividirá em várias facções em conflitos entre si. Apesar das mudanças que sofreu nos decorrer dos anos, manteve a característica de ser uma organização em que boa parte de seus quadros superiores se encontra nas prisões, e de onde continuam, até hoje, a exercer o comando, através de uma complexa rede de apoio, pelo amedrontamento e cooptação dos guardas, do apoio de advogados e, diretamente, através de telefones celulares. Não é casual que o tráfico de drogas tenha sido uma das primeiras organizações a compreender a potencialidade dos usos alternativos da telefonia celular, da qual se transformou em consumidor maciço.

Com uma estrutura com certa organização de comando no tope, as gangues de traficantes se inserem nas favelas, apoiadas por grupos e quadrilhas locais, num esquema frágil de alianças. O tráfico sustenta-se no controle territorial, e o domínio das favelas é o motivo das lutas entre as facções. Sua principal atividade é a venda de cocaína e maconha. Por isso, no Rio de Janeiro praticamente não circulam as drogas químicas (o crack, por exemplo), nas quais se especializou o tráfico de São Paulo, que tenta, até hoje, sem sucesso, penetrar no mercado de drogas do Rio de Janeiro.

O tráfico tem na favela sua base material, território de onde organiza a distribuição das drogas e de onde recruta seus membros. Calcula-se que ele empregue em torno de um 1% da população das favelas. As relações com a comunidade se fundam numa definição de identidades, já cristalizada há muito tempo, entre "trabalhadores" e "bandidos". Dos trabalhadores, os bandidos esperam silêncio e nenhuma cooperação com a polícia. Como contraparte, os bandidos asseguram a ordem, que inclui desde ajuda eventual a algum morador necessitado de dinheiro, mediação de conflitos e punição de ladrões (geralmente com um tiro na mão ou no pé) e de estupradores de criança (geralmente com a pena de morte, eventualmente acompanhada de tortura). Não só o tráfico não tem interesse em que a polícia seja acionada e entre na favela, como o traficante se afirma e garante seu poder pela sua capacidade de "impor a ordem".

A polícia do Rio de Janeiro tem uma longa história de desrespeito e brutalidade com as populações mais pobres da cidade e de práticas de corrupção, alimentadas, por décadas, por relações de conivência com o jogo do bicho, práticas das quais políticos participavam em troca de apoios financeiros para suas campanhas. Com o regime militar, a militarização da polícia distanciou ainda mais os policiais de suas funções próprias e aumentou seu despreparo para lidar com os problemas da criminalidade civil. Por sua vez, as instituições judiciárias continuam com processos anacrônicos e ineficientes, e por vezes também são cooptadas pelo dinheiro do tráfico. Sobre o sistema penitenciário, a própria história do Comando Vermelho testemunha sua inoperância e seu papel contraproducente.

A relação entre a polícia e o tráfico pode ser definida como sadomasoquista. Por um lado, a polícia representa o principal inimigo dos traficantes ao matar, anualmente, centenas de seus membros. Por outro lado, muitos policiais participam do butim arrecadado pela droga, seja vendendo armas, liberando traficantes presos contra-pagamentos ou cobrando propinas para liberar a passagem dos entregadores.

Inicialmente, o tráfico usava, em geral, armas leves e recrutava adultos, e as crianças ocupavam funções de apoio. Com o passar dos anos, as pequenas armas utilizadas sofisticaram-se cada vez mais, e o recrutamento passou a incluir crianças, já a partir da idade de 12 ou 13 anos. De forma crescente, infunde-se uma cultura que associa hombridade à ostentação de uma arma, que, além disso, assegura que seu portador tenha uma renda superior à da maioria dos adultos trabalhadores da favela. A longa tradição de desmandos e maus-tratos à qual a população tem sido submetida pela ação policial facilita a identificação da juventude com os traficantes. Ingressar no tráfico permite não somente a obtenção de dinheiro "fácil", como representa um ato de afirmação masculina, que encontra na posse de armas um sentimento de poder.

A partir de 1982, as taxas de homicídios na cidade do Rio de Janeiro começaram a crescer vertiginosamente, passando de 23 por cada 100.000 habitantes – a mesma taxa que apresentava a cidade de Nova York naquele ano – para 63 por 100.000 habitantes em 1992. Em 1994, aumenta para aproximadamente 80, para se estabilizar no período de 1999 a 2002 numa taxa em torno de 45 homicídios para cada 100.000 habitantes. Esta taxa não expressa uma dimensão justa do problema, pois em certos bairros mais pobres ela supera os 100 homicídios para cada 100.000 habitantes, enquanto em bairros de classe média o nível de homicídios é comparável ao de países desenvolvidos.

Tais homicídios afetam de forma crescente crianças, adolescentes e jovens do sexo masculino, e em 2002 as armas de fogo foram responsáveis por, aproximadamente, um terço do total das mortes de menores de 18 anos. Em 1999, elas chegaram a matar 113,8 jovens do sexo masculino por 100.000 habitantes, de forma que a taxa de mortes por armas de fogo no Rio de Janeiro é comparável aos índices de mortalidade registrados nas várias regiões do mundo que enfrentam conflitos armados, isto é, que vivem, inconfundivelmente, guerras. Mas não há guerra com o estrangeiro no Rio de Janeiro. Também seria inexato falar de guerra civil, pois a sociedade, no seu conjunto, não está dividida. Os ricos não lutam contra os pobres ou vice-versa. De fato, são os pobres os que mais sofrem com os homicídios com armas de fogo.

Mas se não há guerra, o Rio de Janeiro e outras grandes metrópoles brasileiras e do Terceiro Mundo (como certas cidades da América Latina e da África, onde o fenômeno de gangues armadas de jovens atinge características epidêmicas) tampouco vivem tempos de paz. O problema da guerra e da paz não é uma simples questão de denominação. Afinal de contas, os milhares de crianças armadas são "soldados", como elas mesmas se autodenominam, ou criminosos a mando do tráfico? Afinal, seus superiores não se consideram comandantes, mas "gerentes"! Que negócio é esse que controla regiões da cidade e dita no seu interior as regras da ordem social? Que estado é esse que não consegue controlar a polícia – afinal, a sustentação última da ordem social? Que "não-guerra" é essa que nos últimos anos matou mais crianças e jovens por habitantes que muitos conflitos armados declarados, como na América Central ou no confronto Israelense–Palestino?

Quadro G – Entrevistas com crianças e adolescentes empregados no tráfico*

E – *Quantos chefes você tem?*
T – Um só.
E – *Aí, se ele te dá coisa pra fazer e tal...*
T – Tem que fazer.
E – *Se você não faz o que acontece?*
T – Depende do que ele pedir[...] tipo assim, matar uma pessoa, vou ter que matar. Se eu não matar é minha vida que vai tá em risco, certo?

(Garoto de 17 anos)

• • •

E – *Se uma pessoa pega uma carga e não der de volta o dinheiro, o que acontece?*
T – Ah, aí ele embuliu na carga, aí ele morre, toma um pau, depende do patrão. Se o patrão fala que ele vai morrê, ele vai morrê, mano.

(Soldado, 16 anos)

• • •

E – *Prá morrer {depois de quebrar uma regra} se é jovem, se é menino ou criança, faz diferença?*
T – Não faz não.

(Gerente de maconha, 22 anos)

E – *Você... hoje você está sentado na minha frente com uma arma, qual é o nome dessa arma?*
T – Essa aqui é AR-15 baby.
E – *... e com que idade você começou a trabalhar com arma?*
T – 14 anos.
E – *E você comprou sua primeira arma?*
T – Não. A boca me deu. Deixava comigo. Ficava na segurança... é da boca. Mas o porte é nosso. Da boca, mas o porte é nosso.

(Soldado, 18 anos)

• • •

E – *Você lembra a primeira vez que você usou a arma?*
T – Ah, foi numa guerra [...] Contra os Terceiro Comando, outra facção.
E – *E você é de qual facção?*
T – Comando Vermelho.
E – *Aí vocês estavam defendendo ou entrando?*
T – Invadindo.
E – *[...] mas por que vocês estavam fazendo essa invasão?*
T – Hum, prá arrumá mais dinheiro.
E – *[...]quantos estavam invadindo?*
T – Ah, muito assim, uns 200.
E – *Duzentos caras armados? Parece uma guerra então?*
T – É uma guerra!
E – *[...] quando você faz uma invasão, você é pago para fazer essa invasão?*
T – Não, tu não recebe dinheiro, mas recebe assim um cargo. Dá condições melhó.
E – *Como a comunidade vê essas pessoas que fazem a invasão, depois que vocês invadem um lugar do Terceiro Comando?*
T – Ah, fica assustado. Mas depois de uns ano vai confiando.
E – *[...] e quantas pessoas ficaram depois da invasão?*
T – Ah, ficaram lá uns 70, por aí.
E – *[...] e muita gente morreu?*
T – Pouca.
E – *Quantos é pouca?*
T – Uns 15.
E – *A invasão demorou quanto tempo?*
T – Quatro hora.
E – *E você ficava com qual arma nessa invasão?*
T – Duas pistola.
E – *Duzentos de vocês, e a polícia não viu?*

T – Ah, a polícia si chega tarde.
E – *Por que eles chegam tarde?*
T – Ih, eles têm medo, de sê baleado, sê morto, porque o bagulho é sério!

(Soldado, 16 anos)

• • •

T – ... os poliça [...] forjam os bandido lá prá matá.
E – *Por que eles querem matar?*
T – Ah, por causa que é o trabalho deles.
E – *De matar pessoas.*
T – É, eles mata os cara do tráfico. Por isso que a gente tem que trocá tiro com eles à noite.
E – *Você já trocou tiro com eles?*
T – Já.
E – *Com que idade?*
T – 12 anos.
E – *[...] e eles sabiam que você era menor?*
T – Sabia, pô, eles sabia que eu era fogueteiro, eles quatro fogueteiro, aí o outro cara foi e pegô a .. assim e... a lá meu. Assim pápápápápá...
E – *E por que você acha que quer matar você?*
T – Ah, porque eu sou fogueteiro. Porque a gente barulha eles pra avisá que a polícia tá no morro.
E – *E tu já perdeu amigos nisso?*
T – Já.
E – Quantos?
T – *Vários, muitos.*
E – Como eles morreram?
T – *Ah, uns foram de tiro, outros foi trocano tiro com os cara, outros na guerra.*

(Fogueteiro, 12 anos)

* *Trechos retirados do livro de Luke Dowdney,* Crianças do Tráfico *(Rio de Janeiro, Editora 7 Letras, 2003).*

VII

Viva Rio: a inclusão digital na luta pela segurança humana

O Viva Rio

A criação do Viva Rio foi concomitante a outro movimento que tinha mobilizado a população do Rio de Janeiro e do Brasil, a Campanha contra a Fome, desencadeada em 1992. Este movimento, liderado por Betinho, dirigente do Ibase, uma ONG fundada nos anos setenta, possuía uma orientação que será comum à do Viva Rio: a procura de criação de um espaço de colaboração de todos os estratos da sociedade para confrontar os problemas criados pela desigualdade social. Para um país que havia saído da luta contra a ditadura e consolidado uma cultura ideológica centrada num discurso de confrontação social e de luta de classes, a idéia de procurar o apoio do empresariado e de transmitir uma mensagem de paz e solidariedade, com tonalidades quase religiosas, parecia, para muitos, uma impossibilidade sociológica. Mas a sociedade brasileira tinha mudado, e a nova percepção, inclusive das elites dominantes, passou a ser a de que todos os grupos sociais, inclusive os mais ricos, são afetados pela pobreza extrema e pela violência, fatores que diminuem as chances de desenvolvimento econômico e denigrem a imagem da cidade e do país, fatores centrais para atrair capitais num mundo globalizado. É nesta nova sensibilidade social, isto é, de não permitir o aprofundamento da fratura social, da necessidade de criar canais de comunicações entre o "morro" e o "asfalto", que o Viva Rio se instala e a qual buscará potencializar.

Em julho de 1993 um grupo de oito menores carentes que dormia em frente à igreja da Candelária, no centro da cidade, foi perseguido e morto a tiros por policiais a mando de comerciantes locais. O episódio chamou a atenção de todo o país e ganhou ampla repercussão na imprensa mundial.

Apenas um mês depois, o Brasil acompanhava outra tragédia que ocorreu, também no Rio, dessa vez na favela de Vigário Geral: após uma desavença com traficantes locais, um grupo de policiais invadiu a favela e matou, aleatoriamente, 21 pessoas. No verão desse mesmo ano, a prática do "arrastão" tomou conta das praias cariocas. Jovens delinqüentes organizavam-se em gangues e furtavam os banhistas, provocando a ação da polícia, causando confusão numa área que deveria ser de lazer e turismo.

Como forma de reação a estes episódios, um grupo de empresários decide que seria necessário vocalizar a insatisfação da sociedade civil. Convoca-se uma primeira reunião, para a qual foram chamadas diferentes lideranças empresariais, intelectuais e sindicais e Betinho, que decide convidar Rubem César Fernandes, coordenador do Instituto de Estudos da Religião (Iser), para representar as diversas correntes religiosas.

A primeira campanha lançada pelo grupo foi uma convocação à sociedade a participar de uma grande manifestação. A idéia era a de que os cariocas vestissem roupas brancas e dedicassem dois minutos de silêncio em prol da paz. Batizada com o slogan "Dê um tempo para o Rio – Parar para Começar de Novo", a campanha levou milhares de pessoas à porta da igreja da Candelária. O movimento ganhou força e, no dia seguinte, lançou um manifesto de 24 representantes de diferentes religiões que se uniram para rezar e pedir paz.

No transcurso das reuniões, afirmava-se a liderança de Rubem César, que oferece a sede do Iser para abrigar as atividades do Viva Rio. O Iser, que continua a ser o principal parceiro de pesquisas do Viva Rio, foi fundado na década de 70 por teólogos e pesquisadores de origem majoritariamente protestante. Inicialmente destinada à realização de estudos sobre as diversas formas de religiosidade brasileira, a instituição passou, ao longo dos anos, a atuar na área social, em particular quando se integraram pesquisadores de origem católica ligados à teologia da libertação. Nos anos oitenta, o Iser, aos poucos, expandia suas atividades de pesquisa e de ação social para as mais diversas áreas e, no início dos anos noventa, já apresentava projetos em setores não diretamente ligados a temas de religião, tais como segurança pública, racismo, violência e prostituição. A tendência a se expandir em diversas áreas era premonitória do desenvolvimento do Viva Rio, tendência à qual não é estranha o fato de que a principal liderança, primeiro do Iser e depois do Viva Rio, seja a mesma pessoa.

Deverá transcorrer um ano e meio para a criação formal do Viva Rio – organizado a partir de um conselho diretor constituído por empresários, jornalistas, artistas, acadêmicos, diretores de associações comerciais e líderes comunitários – cujo objetivo central será idealizar estratégias para diminuir a violência e desenvolver projetos e campanhas que contassem com a participação da sociedade civil e do Estado. Os primeiros passos do Viva Rio foram dados em torno de campanhas de mobilização social com forte conteúdo simbólico e midiático. Sua missão foi definida como sendo "Integrar a cidade partida e formar uma cultura de paz, interagindo com a sociedade civil e as políticas públicas, sobretudo nas favelas e bairros pobres, através de ações sociais locais, campanhas e comunicação".

As campanhas

O objetivo da segunda grande campanha, organizada em 1994, foi o de criar um grande movimento contra a violência, reunindo os poderes federal, estadual e municipal e a sociedade civil, além de toda a estrutura de segurança pública. Ainda em novembro de 1994, uma nova campanha, o "Desarme Rio", foi uma forma de contraponto à ocupação das favelas pelo exército – medida adotada pelo governo diante dos alarmantes números da violência. A campanha estendeu-se até fevereiro do ano seguinte.

O Viva Rio conquista novos voluntários a cada nova campanha, de cuja criação e divulgação participam empresários, profissionais liberais, artistas e cidadãos comuns. Um dos maiores êxitos foi o "Reage Rio", uma das mais expressivas campanhas organizadas pela ONG, que aconteceu no ano de 1995. O movimento, um manifesto contra a onda de seqüestros que assolava o Rio – em um único dia três pessoas foram seqüestradas –, levou às ruas cerca de 400 mil pessoas, sob forte chuva, que pediam o fim da violência em uma "Caminhada pela Paz" no centro da cidade (ver Quadro H com as campanhas do Viva Rio no final do capítulo).

Uma das características das campanhas públicas do Viva Rio, que expressam em parte a experiência do Iser, mas talvez, sobretudo, a sociabilidade brasileira, é a invocação religiosa e certos componentes ritualísticos. Quem teve a chance de comparecer a estes atos públicos não pôde deixar de se impressionar com o profundo impacto dos valores religiosos em boa parte da população, valores que lhe permitem extrair forças para enfrentar situações de enorme sofrimento, como a perda de seres queridos, sem que tais eventos se transformassem em ódio destrutivo, intolerância ou preconceito.

Integração com as comunidades

As primeiras iniciativas de projetos sociais voltados para as comunidades de baixa renda nasceram a partir das próprias campanhas. No começo, ainda era grande a desconfiança das lideranças das favelas em relação aos esforços do

Viva Rio. O movimento "Reage Rio", por exemplo, se, por um lado, mobilizou boa parte dos diferentes segmentos da sociedade carioca, por outro, despertou em algumas comunidades a reação de que o Viva Rio estaria de fato defendendo o interesse de empresários com alto poder aquisitivo, principais alvos dos seqüestros. Assim, por exemplo, representantes da favela de Vigário Geral questionaram a idéia da manifestação, que apelidaram de "Reage Rico". O Viva Rio passou então a organizar encontros com os líderes comunitários. Para esses representantes, um dos principais problemas era a imagem negativa que a mídia explorava das favelas, como se fosse um território sem fronteiras, totalmente dominado pela violência.

Os líderes condicionaram sua participação nos projetos do Viva Rio a lançamentos de estratégias de mudança da imagem negativa das favelas e de melhoria das condições de vida. Após tentativas malsucedidas de negociações de melhoria da imagem das favelas junto à mídia impressa e televisionada – chegou-se a cogitar espaços exclusivos nos jornais com informações sobre e para essas populações –, o Viva Rio decidiu expandir o campo de suas ações sociais diretas, ao mesmo tempo em que adiava para o futuro o projeto de comunicação dirigido ao mundo das favelas.

Segurança humana e exclusão digital

O Viva Rio iniciava, assim, o caminho que o transformaria numa das principais ONGs do mundo com trabalho na área de Segurança Humana. Sem mesmo conhecer este conceito no início de sua atuação, a prática do Viva Rio desembocou num conjunto de atividades que convergem no que hoje se expressa na idéia de Segurança Humana, que conjuga o direito a viver em segurança e o direito a ter acesso às necessidades básicas, ou, dito de outra forma, o direito a viver sem medo da violência e o direito a viver sem medo de não poder suprir as necessidades materiais mínimas. A Segurança Humana é o horizonte utópico da sociedade contemporânea, e sua obtenção deverá ser o resultado do esforço de cada sociedade e do sistema internacional de assegurar desenvolvimento econômico e social e a resolução pacífica dos conflitos, produto de novas formas de governança internacional.

A violência urbana, sob a perspectiva "tradicional", era considera um subproduto da pobreza. Contudo, a partir de um certo nível de cristalização, a violência urbana atinge proporções epidêmicas, o que exige uma modificação de perspectiva. Ela deve ser tratada com instrumentos específicos, seja no campo de sua prevenção e repressão direta, seja no de ações sociais que atuem na prevenção e na transformação dos grupos sociais diretamente atingidos.

O trabalho do Viva Rio representa uma inovação central nesse sentido. A partir da identificação – através de pesquisas e da prática social – dos grupos de alto risco (adolescentes e jovens de baixa renda, sobretudo aqueles que saíram da escola antes de concluir o ensino fundamental, moradores de favelas e de bairros pobres da periferia) e de um dos vetores fundamentais da violência – a fácil circulação de armas de fogo –, o Viva Rio desenvolveu uma série de atividades que configura um verdadeiro programa de Segurança Humana. Tais atividades, que serão detalhadas nos próximos capítulos, incluem ações diretamente orientadas para os grupos de risco (telecursos para a conclusão dos estudos, treinamento em informática, formação de líderes locais, criação de empregos), ações para o conjunto das áreas de maior risco (projetos de geração de renda e emprego, cultura de mediação de conflitos e conhecimento dos direitos cidadãos, mudança da auto-imagem) e ações específicas na área de segurança local e luta contra violência (controle de armas, campanhas de desarmamento, formação e melhoria de condições de vida dos policiais e reforma do sistema de segurança pública).

Na área de segurança humana, a vocação principal do Viva Rio é a de mobilizar os mais diversos meios de comunicação, rádio, vídeo, Internet, tanto para conscientizar a população como para desenvolver instrumentos específicos de atuação, mudando as condições e oportunidades de vida através da educação, da criação de uma cultura de mediação de conflitos, da transformação do sistema de segurança e da melhoria das condições de trabalho e emprego. A legitimidade do Viva Rio constrói-se na sua capacidade de ser uma ponte entre os diversos setores da sociedade com o Estado e com os meios de comunicação e no desenvolvimento de ações efetivas de luta contra a violência e a pobreza urbana.

Em todas as atividades do Viva Rio, o tema da inclusão digital se coloca, portanto, não como um fim, mas como um meio, como um instrumento na luta contra as várias desigualdades e de transformação do contexto social que permite a violência e a reprodução da pobreza.

As dimensões atuais

O Viva Rio desenvolve suas atividades em parcerias com instituições locais, constituindo assim o nó central de uma ampla rede. Os parceiros oferecem infra-estrutura, pessoal e conhecimento das condições locais, e o Viva Rio contribui com a elaboração dos projetos, capacitação técnica e profissional, material didático e outros serviços. Em 2002, o Viva Rio possuía 668 parceiros locais, entre associações de moradores, ONGs, sindicatos e cooperativas, escolas, batalhões militares, rádios comunitárias, igrejas e presídios. Foram realizados 94 eventos e desenvolvidos 741 projetos locais, sendo 258 na área de educação, 113 de comunicação, 91 de desenvolvimento comunitário (geração de renda), 93 de segurança e direitos humanos, 41 de meio ambiente, 1 de esportes e 144 de voluntariado. Pouco mais da metade das ações foram realizadas no município do Rio de Janeiro e as demais nos municípios vizinhos e no interior do estado.

O Viva Rio engajou no mesmo ano, em serviços remunerados, 825 pessoas, e foram mobilizados 3.941 voluntários. Parte dos coordenadores de áreas e a maioria das pessoas remuneradas são moradores de favelas. Com exceção de um pequeno número de funcionários do núcleo central, a maioria dos empregados do Viva Rio se organiza em cooperativas, contratadas por serviços específicos. O Viva Rio procura não ser identificado com nenhum partido político e seu critério de contratação de funcionários independe da opção partidária dos candidatos.

As receitas de 2002 foram de R$ 17.712.014,00, o que representou um aumento de 13% em relação ao ano anterior e de 27% em relação a 2000. De um total de 75 doadores, 47,9% dos recurso provêem de doações de empresas, 20,7% do governo, 15,5% de fundações e ONGs, 13,7% provêem de receitas próprias. Embora financiado majoritariamente por fontes nacionais, nos últimos anos aumentou a importância dos aportes internacionais, passando de 4% do orçamento em 1999 para 27% em 2002. As áreas de segurança e direitos humanos, educação comunitária e meio ambiente absorveram, em porções similares, 80% dos recursos; 21.793 pessoas foram diretamente beneficiadas pelas ações educativas e 26.497 pessoas foram beneficiadas diretamente pelas ações na área de segurança pública e de direitos humanos.

O Viva Rio tem na mídia uma parceira importante para a divulgação de suas campanhas e projetos, o que é facilitado pelo conselho diretor, do qual participam representantes expressivos da imprensa do Rio de Janeiro. Os indicadores de comunicação do Viva Rio são impressionantes: média diária de 74 centímetros de coluna na imprensa escrita e 4 minutos e 48 segundos de matérias na televisão.

Estrutura organizacional

Como boa parte dos fundadores e dirigentes das grandes ONGs na América Latina e na Europa, o fundador e diretor-executivo do Viva Rio pertence à "geração de 68". Rubem César Fernandes nasceu em Niterói, em 1943, e, jovem militante da esquerda, se exilou em 1964 na Polônia, onde seguiu o curso de filosofia. Em 1968, em desacordo com os rumos da política repressora e anti-semita do governo Gomulka, transferiu-se para os Estados Unidos, onde obteve o grau de Ph.D em História do Pensamento, na Columbia University, em Nova York. Retorna ao Brasil em 1976, onde se integra primeiro ao Departamento de Antropologia da Universidade de Campinas e, posteriormente, ao Museu Nacional do Rio de Janeiro, de onde se aposentou. Rubem César desempenhou um papel central na dinamização do Iser, do qual foi a principal liderança nos anos oitenta e noventa, e, hoje, constitui o principal executivo e orientador do Viva Rio. Como muitas empresas, e a maioria das ONGs, o diretor-fundador ocupa um lugar central, e o Viva Rio deverá, nos próximos anos, percorrer uma complexa trajetória que assegure a continuidade da instituição, independentemente da presença carismática de seu diretor-executivo.

O Viva Rio é dirigido por um Conselho Executivo, que se reúne mensalmente e é constituído por um grupo de empresários – em particular do setor de mídia, do qual participam dirigentes dos principais jornais do Rio de Janeiro –, líderes sindicais e comunitários, personalidades do esporte e da cultura, profissionais liberais e pelo diretor-executivo. À diferença de grande parte dos Conselhos Executivos de outras instituições, onde cumprem uma função honorária, o conselho do Viva Rio se reúne mensalmente e tem uma voz ativa no acompanhamento das atividades e na avaliação e definição das linhas de atuação.

As questões operacionais do Viva Rio são analisadas na reunião mensal de coordenadores de área. Recentemente, foi criado um Comitê Gestor do qual participam o diretor-executivo, o diretor-financeiro, um coordenador de área e dois empresários voluntários que aconselham sobre os rumos da instituição e os acompanham, em particular, nos problemas relativos à sua administração e à gestão de recursos.

Internacionalização

Inicialmente concentrado quase que exclusivamente na cidade do Rio de Janeiro, o sucesso crescente do Viva Rio tem motivado a tendência à internacionalização de seu marco de atuação. A instituição tem se transformado num pólo atrator de jovens quadros da América Latina, Estados Unidos e Europa, que, de passagem pelo Brasil, se interessaram por suas atividades e permaneceram na instituição, e muitos deles ocupam cargos de responsabilidade.

São freqüentes as solicitações de outras cidades, brasileiras e estrangeiras, para replicar a experiência do Viva Rio, e, como veremos, as pesquisas e instrumentos desenvolvidos pelo instituto são hoje considerados benchmarks por organismos internacionais, o que promove cada vez mais seu envolvimento com redes internacionais. As crescentes demandas externas exigiram cada vez mais da instituição a criação de um novo equilíbrio entre a inserção em projetos internacionais e o foco no desenvolvimento dos projetos internos, principal fonte de projeção e legitimidade do Viva Rio.

O Viva Rio é membro da secretaria latino-americana do Ifat (Federação Internacional de Comércio Alternativo), da coordenação do Iansa (Rede Internacional de Ação sobre Pequenas Armas) e do "Peace to the City", do Conselho Mundial de Igrejas. É também responsável pela coordenação de vários projetos de pesquisa e de treinamento de ONGs na área da violência urbana juvenil e na luta contra o comércio ilícito de armas, especialmente em países de língua portuguesa e espanhola.

A partir da constatação, cada vez mais compartilhada entre as pessoas associadas à cooperação para o desenvolvimento, de que as relações entre as ONGs do Primeiro Mundo e a dos países em desenvolvimento são determinadas pela agenda das ONGs do hemisfério norte, o Viva Rio tem iniciado uma experiência de internacionalização de suas atividades. A idéia é divulgar a experiência do Viva Rio e expandir projetos de cooperação a partir da experiência desenvolvida no Brasil. Aplicadas com as devidas precauções, serão procuradas parcerias para desenvolver projetos similares em outros países em desenvolvimento e até mesmo nos países desenvolvidos, pois, em certas áreas – como é o caso do combate à violência, da mobilização das populações urbanas mais pobres e de aplicações da Internet – o Viva Rio possui um acervo relevante de experiências.

Em 2002, foi criada na França, por um grupo de voluntários locais, o Solida'Rio, que atuará como representante local do Viva Rio e que se propõe, inicialmente, a trabalhar nas áreas de Comércio Solidário e na realização de um campeonato de futebol, denominado Jogos Solidários, entre jovens brasileiros e franceses provenientes de áreas carentes. Num segundo momento, pretende-se criar uma rede de intercâmbio de experiências entre ONGs francesas e o Viva Rio na área de exclusão social e juventude. Além do Solida'Rio, está sendo estudada a criação de representações na Itália, Estados Unidos e Reino Unido.

Quadro H – As principais campanhas do Viva Rio

1993
Dê um tempo para o Rio – Parar para Começar de Novo
Primeira mobilização social do Viva Rio em prol da paz. Reuniu milhares de pessoas em frente à Igreja da Candelária. A campanha lançou um manifesto de 24 representantes de diferentes religiões que se uniram para rezar e pedir paz.

1994
Desarme Rio
Campanha de protesto contra a ocupação dos exércitos nas favelas – medida adotada pelo governo do Rio de Janeiro diante dos alarmantes números da violência.

1995
Reage Rio
Manifesto contra a onda de seqüestros que se multiplicavam na cidade. Participaram 400 mil pessoas.

1997
Rio 2004 – Cidade Candidata
Campanha de apoio à candidatura da cidade para sediar as Olimpíadas de 2004.

Campanha Internacional – Conselho Mundial de Igrejas
Primeira campanha internacional do Viva Rio, promovida pelo Conselho Mundial de Igrejas, abrangeu sete cidades do mundo, escolhidas em razão dos altos índices de violência, e estabeleceu a criação de ações comunitárias voltadas para jovens, além de ações para capacitação policial e de líderes comunitários.

1998
Amigos da Escola
Escolas do Rio de Janeiro estabeleceram vínculos com 672 escolas do Nordeste atingidas pela seca. Foram doados R$ 142.512,00 para a merenda dos alunos.

Paz no Trânsito
Campanha de educação no trânsito feita pelos alunos do projeto Serviço

Civil Voluntário, com distribuição de cartilhas do Código Nacional de Trânsito.

Leitura nas Férias
Campanha de arrecadação de livros infantis com o apoio da Rede Globo. Foram coletados 234 mil livros e revistas, encaminhados para 200 entidades comunitárias.

Doação de Sangue - Agentes do Futuro
Campanha de doação de sangue ao HemoRio – hemocentro da cidade – entre os alunos do projeto "Serviço Civil Voluntário".

1999
Rio, Abaixe Essa Arma!
Recolhimento de 1.312.929 assinaturas em apoio à lei que proíbe a venda de armas no Brasil.

2000
Abaixe Essa Arma!
Campanha nacional de conscientização sobre a necessidade do desarmamento da sociedade civil, estendendo o movimento iniciado no Rio de Janeiro.

2001
Arma Não! Ela ou Eu
O primeiro evento contou com a presença de mães de vítimas e artistas. Foram distribuídos flores brancas e folhetos alertando que ter uma arma não garante a proteção da família, e sim a expõe ao risco. Através de eventos mensais e ampla divulgação na mídia, sobretudo na TV, a campanha pretendeu promover a reflexão sobre o perigo da arma de fogo, aumentar a pressão popular em prol do desarmamento e ampliar o movimento para outros estados e países. O projeto foi apresentado em julho de 2001 na Conferência da ONU sobre o Comércio Ilícito de Armas Leves, em Nova York.

Rio Sem Armas
Cem mil armas de fogo foram destruídas no dia 24 de junho, no Aterro do Flamengo, no Rio: a maior destruição simultânea já realizada no mundo. Cerca de 20 mil pessoas participaram da cerimônia, realizada

em parceria com o governo do estado. O evento teve como objetivo divulgar a Conferência da ONU sobre o Comércio Ilícito de Armas Leves, realizada em julho, em Nova York.

Basta de Terror! Eu Quero Paz!
Campanha contra o terrorismo e contra todo o tipo de violência, em resposta aos atentados de 11 de setembro e à guerra no Afeganistão. Após o lançamento da campanha, no estádio do Maracanã, milhares de pessoas foram às ruas do centro do Rio para uma grande caminhada pela paz. O abaixo-assinado, realizado via Internet com apoio de mais de 30 sites, recebeu cerca de sete mil adesões contra a propagação da violência no mundo.

Viva Lagoa
Manifestação contra a poluição das praias, baías, rios e lagos do Rio de Janeiro, que reuniu mais de 70 mil pessoas em torno da Lagoa Rodrigo de Freitas.

Basta! Eu Quero Paz!
Campanha nacional pelo fim da violência, que mobilizou 16 capitais brasileiras. No dia 07 de julho, milhares de pessoas vestiram roupas brancas, acenderam velas e participaram de atos pela paz. No centro do Rio, o Mural da Dor, composto por 40 painéis somando 154 metros montados, exibiu fotos de vítimas da violência, desenhos, grafites e mensagens de paz. Uma escultura feita com balas de revólver representava pessoas de joelhos, pedindo paz. À noite, 25 mil pessoas se concentraram no centro da cidade, que foi iluminado por cerca de 5 mil velas.

Mãe, Desarme seu Filho!
Na campanha organizada pelo Grupo Cultural Afro Reggae, o rapper MV Bill e o Viva Rio promoveram shows, destruição de armas e debates em favelas e comunidades pobres do Rio, com o objetivo de incentivar o desarmamento dos jovens, apelando para a ação das mães na defesa de seus filhos.

VIII

A dignidade pela auto-imagem

Viva Favela

Desde sua origem, o Viva Rio tinha como um objetivo central produzir informação para os meios de comunicação a fim de divulgar notícias das favelas que mostrassem sua realidade social, sua riqueza humana e cultural e o esforço da maioria dos moradores de desenvolver uma vida digna, em vez de se concentrar apenas na violência. O primeiro projeto de uma publicação impressa foi lançado nos primeiros anos de sua existência, mas acabou não se concretizando. Os veículos de imprensa e empresas privadas procuradas pela instituição para investir no projeto não apostaram na idéia e, assim, o Viva Rio decidiu adiá-lo.

A enorme procura dos moradores das favelas por cursos de informática e acesso à Internet e as experiências com os Clubes de Informática, aos quais retornaremos, indicaram ao Viva Rio a possibilidade de transformar a Internet no meio de comunicação tanto com os moradores das favelas como com a imprensa e demais segmentos da sociedade. O vivafavela.com foi viabilizado graças a uma doação de 1 milhão de dólares do portal Globo.com. A dedicação de uma equipe de 31 profissionais, formada por jornalistas, colaboradores, fotógrafos, técnicos e correspondentes comunitários de 11 localidades diferentes transformou o site numa experiência exemplar em nível internacional.

A primeira questão que se pôs foi quanto ao nome do portal. Os moradores das favelas preferem chamar seus bairros de comunidades, já que a palavra favela mobiliza nos outros setores da sociedade conotações negativas. Depois de analisar várias alternativas, finalmente decidiu-se pela manutenção do nome favela. O critério principal foi que a denominação continuará sendo utilizada ainda por um bom tempo pela sociedade. O desafio, portanto, será mudar a conotação negativa, mostrando a dignidade, a riqueza humana, artística e a criatividade da vida na favela.

Desde seu lançamento, o portal Viva Favela oferece serviços, informações, divertimento e oportunidades de emprego e comércio, além de e-mail gratuito, chats e notícias on-line. O site ainda conta com a revista eletrônica, a *Comunidade Viva*, produzida pelos correspondentes comunitários, constituídos por um grupo de jovens – remunerados pelo trabalho –, que produz reportagens e fotos cujo tema é a favela e a sua própria comunidade. Para ser um correspondente comunitário, é preciso ter o ensino médio completo e ter atuado em alguma mídia local, como, por exemplo, em uma rádio comunitária ou em um informativo da associação de moradores. Antes de ir às ruas à procura de boas matérias, os "novos jornalistas" passam por uma capacitação e por uma oficina de texto, além de serem permanentemente orientados pela equipe da redação. O interesse de participar como correspondente se expressa nos currículos com pedidos de estágio e de trabalho que chegam semanalmente ao portal.

Os correspondentes comunitários produzem reportagens exclusivas de suas comunidades. O vivafavela.com é atualizado constantemente, várias vezes ao dia, com informações variadas sobre acontecimentos na favela, na cidade, no Brasil e no mundo. As seções incluem histórias de moradores de favelas, esportes, oportunidades na área de educação e trabalho, saúde, transporte e outros temas variados.

A imprensa nacional utiliza o vivafavela.com para extrair notícias que circulam no noticiário nacional, e correspondentes estrangeiros passaram a incluir nas suas rotinas a consulta ao site. Outro grupo que acessa o portal é o de pesquisadores em busca de informações a respeito das favelas cariocas. Como os órgãos públicos e a mídia não têm acesso fácil a essas comunidades, o portal tornou-se um importante divulgador da vida na favela.

Cariocas que moram fora do Rio e brasileiros que moram no exterior também acessam o portal como forma de se manterem atualizados com as notícias de sua comunidade. Esse contato é comprovado pela grande quantidade de mensagens que o site recebe diariamente de pessoas de várias partes do mundo. O Viva Favela também chamou a atenção da comunidade hip-hop de todo o país, e em especial de São Paulo. Simpatizantes e cantores de hip-hop se identificaram com o projeto e hoje usam o portal como ponto de encontro e de troca de informações sobre o ritmo musical de protesto comum nas periferias e comunidades de baixa renda.

As seções de serviços, como a de empregos, são os links mais visitados pelos internautas dessas comunidades. O portal oferece informação sobre serviços públicos de saúde, cuidados médicos, campanhas de imunização, emergências, tratamento de doenças infantis, hospitais e clínicas, horários de ônibus locais. Na área de direitos do cidadão, o site inclui informações sobre obtenção de documentação, direitos do consumidor, direito civil e queixas contra serviços públicos e abuso de autoridade (experiência cotidiana na favela). Como veremos em detalhe mais adiante, a parceria do Viva Rio com o CAT possibilitou aos moradores da favela a obtenção de informações sobre estágios e empregos oferecidos por empresas. O site ainda divulga oportunidades para deficientes físicos, processos de seleção e dicas e orientações de como abrir um negócio, como montar o currículo, como resgatar o FGTS e o seguro-desemprego e como requerer a aposentadoria. A criação de uma seção "Classificados" no site promoveu o aumento do número de acessos e trouxe a cultura do C2C (Consumidor para Consumidor) à favela. Hoje, moradores das comunidades vendem e trocam os mais diferentes produtos e serviços.

Muitas crianças que acessam a Internet nas favelas procuram pelo site do Cartoon Network. Com base nesse dado, o Viva Favela criou um personagem inspirado nas crianças das favelas, para retratar seu cotidiano, suas esperanças e a violência que elas testemunham no dia-a-dia. Batizado de Cambito, o personagem ganhou inicialmente uma tirinha semanal. Cambito foi se desenvolvendo, assim como sua turma de personagens retirados do cotidiano da favela, e hoje o site de Cambito é um verdadeiro Cartoon Network alternativo, com a apresentação de brincadeiras e de uma visão humorística diferente destinada ao público infanto-juvenil.

O vivafavela.com sofre com a falta de investimentos. À diferença de outros projetos do Viva Rio, com foco claramente definido, o portal tem maiores dificuldades para atrair apoios de doadores, que não compreendem a importância do empreendimento. Como estratégia para manter o portal no ar, o Viva Rio procura agora parceiros para investir em seus sites especializados (como o "Beleza Pura", dedicado às mulheres das comunidades, o "Eco Pop", sobre a questão ambiental, ou o "Click-se ao Direito", com serviços de advocacia). O objetivo é obter apoios para desenvolver os sites temáticos orientados para diferentes setores das comunidades de baixa renda.

O crescimento do número de pessoas que acessam o portal tem sido constante. Em janeiro de 2002, foram registradas 1.545,786 visitas, enquanto em janeiro de 2003 este número passou para 2.838,334. O número de acessos oriundos do exterior também aumentou: em fevereiro de 2003, por exemplo, 6,65% dos visitantes eram dos Estados Unidos. Esse dado indica que o Viva Favela responde também à necessidade de informações de brasileiros no exterior ligados a temas de cultura popular.

Dos domínios que acessaram o portal, 88,26% foram de origem comercial, o que indica que a maioria dos visitantes usa telecentros ou, do trabalho, acessa o portal. Os acessos duram, em média, 12 minutos.

Favela Tem Memória

Desde a sua criação, o portal Viva Favela vem mostrando que a vida das favelas é maior que o dia-a-dia da violência. Por trás de cada morador há trajetórias e histórias, que, juntas, formam o quebra-cabeça do surgimento e expansão das favelas do Rio de Janeiro e, por extensão, da própria cidade. Os acervos históricos públicos têm poucos documentos e registros sobre o tema. A partir de um grupo de jornalistas e correspondentes comunitários do portal Viva Favela, em parceria com o Iser, foi iniciado um projeto de pesquisa e resgate iconográfico da história das favelas batizado de "Favela Tem Memória", que tem link no portal. O projeto visa fazer um levantamento de dados, fotos, imagens e histórias orais entre os próprios moradores com o objetivo de divulgar e promover histórias e imagens que resgatem a identidade social e cultural das comunidades.

Os pesquisadores percorrem as ruelas das favelas e vão, de porta em porta, conversando com moradores à procura de material e relatos interessantes, de acontecimentos marcantes e experiências pessoais que ajudem a resgatar a trajetória de construção e formação desses locais. O projeto tem parcerias com instituições e centros de memórias, como o Centro Histórico da Rocinha, o Centro de Estudos e Ações Solidárias da Maré (Ceasm), Núcleo Orosina, Instituto Moreira Salles, Mega Cidades e o Centro Cultural Condutores de Memória, da Grande Tijuca. Esses órgãos colaboram com o projeto oferecendo know-how profissional e tecnológico. As pesquisas de campo são realizadas pelos correspondentes comunitários do portal responsáveis pelas reportagens feitas com os moradores. Os correspondentes cobrem as regiões do Complexo do Alemão, Complexo da Maré, Cidade de Deus, Rocinha, Cantagalo e Pavão-Pavãozinho e Baixada Fluminense.

Como os correspondentes também residem nesses locais e já são conhecidos da comunidade, eles têm fácil acesso às informações. Essas pessoas atuam em parceria com jornalistas e pesquisadores responsáveis pela estruturação e transformação do texto numa linguagem simplificada e atraente para o público.

O "Favela Tem Memória" já resgatou, por exemplo, as histórias dos nomes das principais favelas cariocas. As nomenclaturas têm origens variadas (geográficas, poéticas, religiosas, em forma de homenagem etc.) e às vezes até mesmo mais de uma explicação por nome. A seção Pequeno Dicionário das Favelas conta, a partir de histórias e "casos" dos próprios moradores, o nascimento das principais favelas do Rio e do próprio termo favela – difundido a partir do surgimento do Morro da Favela, situado no centro da cidade. Algumas favelas têm nomes inspirados em novelas de TV, como, por exemplo, a favela "Salsa e Merengue", criada a partir de uma telenovela com o mesmo título, e a favela "Minha Deusa", inspirada na personagem de uma famosa atriz brasileira, protagonista da novela *Mandala.*

Além da Galeria de Fotos – com imagens das favelas a partir do fim do século XIX até os dias de hoje, o projeto também prevê um trabalho de pesquisa na área musical. A idéia é criar uma seção em que será possível ouvir músicas compostas por moradores – ilustres ou desconhecidos – dessas favelas. O resgate da memória está sendo também desenvolvido com a publicação das principais notícias veiculadas nos meios de comunicação no passado.

Nordeste Aqui

A Feira de São Cristóvão, no Rio de Janeiro, é um exemplo de resistência e tradição dos valores culturais dos nordestinos, que representam o principal contingente de trabalhadores emigrantes moradores nas grandes metrópoles brasileiras. Criada em 1949, quando os migrantes chegavam em paus-de-arara após atravessarem a estrada Rio–Bahia – que começara a ser construída naquele ano – com o sonho de trabalhar e ganhar dinheiro na "cidade maravilhosa", a feira começou como um depósito de pessoas vindas do Nordeste. No espaço que hoje abriga a feira, os nordestinos chegavam da viagem e lá permaneciam até o domingo à espera de parentes ou de empregadores que viam buscá-los. Os empregadores tinham preferência pelos nordestinos que, mão-de-obra barata, executavam qualquer tipo de serviço.

No campo de São Cristóvão, os migrantes negociavam produtos como farinha de mandioca, rapadura, carne-seca e tantos outros, trazidos de sua terra. O comércio se multiplicou, e hoje a Feira de São Cristóvão recebe semanalmente 80 mil visitantes que percorrem as barracas, que oferecem de produtos alimentícios a shows de forró e serviços profissionais, passando por discos, objetos de decoração, fumo-de-rolo, chapéus de couro e muitos outros produtos. De olho nesse enorme público, o Viva Rio instalou uma Estação Futuro dentro da Feira de São Cristóvão. Além de oferecer acesso à Internet, a Estação aproveita para divulgar o "Nordeste Aqui" entre a comunidade e os visitantes da feira.

O "Nordeste Aqui", criado com o objetivo de suprir a falta de informações relativas à vida social e cultural da diáspora nordestina, é um dos projetos mais originais do Viva Rio. O site, um espaço totalmente dedicado à comunidade nordestina de todo o Brasil e, em particular, às que vivem nas favelas do Rio de Janeiro, está inserido no portal Viva Favela. O "Nordeste Aqui" funciona como uma espécie de agência de notícias atualizadas de todos os estados nordestinos, sob a forma de notas, reportagens, entrevistas, receitas da culinária típica, músicas, agenda de eventos, seminários, histórias de vida, e ponto de encontro.

Sob a forma de Agenda Cultural, o portal destaca shows, exposições e demais eventos em cartaz no Rio que possam interessar o público nordestino. A seção também abre espaço para que o público possa divulgar seu próprio evento. Dessa forma, um cantor vindo de algum estado nordestino, que tenha shows programados no Rio, pode divulgá-los no site. O objetivo do Viva Rio é resgatar e reforçar as diversas identidades culturais das populações vindas dos mais diversos estados do Nordeste. Cada migrante chega com suas referências locais, mas com o passar do tempo sua identidade cultural vai sendo atropelada pela cultura carioca, além de sofrerem preconceitos, inclusive nas próprias favelas.

O site também reserva um espaço para que os internautas possam encontrar parentes e amigos vindos do Nordeste. É a seção "Achados e Perdidos" no link "Ponto de Encontro". Lá, as pessoas podem enviar uma mensagem como espécie de classificados na tentativa de encontrarem quem desejam. Como forma de valorizar a cultura nordestina, o site divulga novos talentos e também profissionais que já estão trilhando carreiras de sucesso. São publicadas histórias de vida pessoal e profissional, sempre com destaque para a dura trajetória de batalha e conquista de um lugar ao sol no mercado de trabalho. Uma seção é dedicada à criação literária, sob forma de histórias de cordéis, uma das formas originais de expressão da cultura nordestina. No site são publicados tanto textos "clássicos" como de novos representantes dessa forma literária.

Favela, Opinião e Mercado

A realidade das favelas ainda é pouco conhecida. Do lado do "asfalto", a sociedade não faz idéia de como vive o morador da favela. O que chega ao grande público são informações passadas através dos meios de comunicação – que têm quase sempre a temática da violência como pauta. Grande parte da classe média do Rio de Janeiro nunca pisou numa favela. Apesar de os cientistas sociais há muito tempo enfatizarem a diversidade social do mundo das favelas, ainda é dominante uma visão simplificadora e homogeneizadora, na qual os habitantes são representados em permanente situação de miséria e violência.

As empresas de pesquisa consideram essas áreas como de risco para os entrevistadores e, por isso, não enviam seus pesquisadores nesses locais. Os habitantes das favelas são entrevistados no centro da cidade e nos pontos de transporte, como integrantes de segmentos sociais mais amplos.

Com base nessa realidade, o Viva Rio decidiu criar um grupo de pesquisa especialmente voltado para essas populações que hoje compõem em torno de 20% do total de habitantes da cidade do Rio. Em parceria com o Iser, lançou o núcleo "Favela, Opinião e Mercado", que realiza pesquisas em zonas de baixa renda. A idéia é de revelar, através das pesquisas, um mercado consumidor com potencial desconhecido pelas empresas e um espaço político, com diversidade de opiniões e orientações, cujo conhecimento mais aprofundado é de interesse da mídia e dos partidos políticos.

O primeiro passo foi equacionar a questão da entrada dos pesquisadores nas favelas. Para contornar o problema da desconfiança das gangues de traficantes, o Viva Rio recrutou moradores de cada comunidade para atuar como pesquisadores. Dos primeiros nove pesquisadores, cinco já faziam parte do projeto Zeladores Comunitários da Cidadania. O primeiro levantamento empreendido em meados de 2002 foi uma pesquisa eleitoral sobre intenções de voto para a presidência da República e governos estaduais.

A segunda pesquisa, sobre o acesso a bens de consumo e níveis de renda e educação, cujos resultados foram apresentados no capítulo sobre a favela, teve uma ampla difusão na imprensa e serviu de base para reportagens nos locais.

As pesquisas do "Favela, Opinião e Mercado" também servem como referencial para os projetos do Viva Rio. A pesquisa seguinte sobre Rádio Comunitária trouxe dados importantes sobre os hábitos das populações de baixa renda, que foram fundamentais na implantação e escolha da programação da Rádio Comunitária Viva Rio. No momento está em andamento uma pesquisa sobre acesso e uso de Internet. A pesquisa permitirá realizar um primeiro diagnóstico aprofundado sobre a relação entre os usuários dos programas do Viva Rio e suas posições relativas no sistema de estratificação social da favela.

Quadro I – Correspondentes comunitários

Histórias exemplares

Moradora do Complexo do Alemão, a professora Bete Silva, de 45 anos, viu no portal Viva Favela a chance de divulgar o que há de melhor em sua comunidade. Contratada como correspondente comunitária do portal, ela produz, em média, quatro reportagens por mês. "Cada matéria dessas é uma lição de vida. Essas pessoas têm vontade de gritar, mas sabem que normalmente não são ouvidas", diz Bete. Ela lembra uma reportagem que fez, intitulada "Homens na Cozinha", na qual entrevistou homens que, desempregados, vêm assumindo o comando do lar, enquanto as mulheres trabalham fora. "É impressionante a consciência desses homens que, numa sociedade machista, aprendem que é preciso dividir as tarefas", analisa. A professora, que também dá expediente em uma creche da comunidade, voltou a estudar e agora cursa uma faculdade de Assistência Social. "Quero atuar cada vez mais nessa área", diz Bete. Para ela, o portal tem servido para aumentar a auto-estima dos moradores. "Sinto-me como uma porta abrindo caminhos para as pessoas daqui da comunidade", define. Muitas vezes, o morador não tem acesso à Internet e por isso não consegue acessar o site para ver seu próprio nome ou foto. Quando isso acontece, a correspondente vai até a Estação Futuro do Complexo do Alemão e imprime as reportagens. "Eles ficam radiantes de felicidade", conta.

Pedido de justiça

O fotógrafo Tony, morador da Cidade de Deus, nunca vai esquecer do dia em que fotografou uma senhora que chorava a perda do filho assassinado pela polícia. O título da matéria era "Vida Perdida" e Tony fez as fotos da personagem à luz de velas à sombra de uma balança. "Pedi uma balança emprestada ao peixeiro da esquina. Queria usar um elemento que simbolizasse a Justiça, que mostrasse a dor e o pedido de socorro dessa mãe", conta Tony, correspondente comunitário do Viva Favela. Fotógrafo conhecido na comunidade, ele conta que o entrosamento com os moradores facilita seu trabalho de registrar o dia-a-dia na favela. Para ele, a região é uma fonte inesgotável de pautas. A beleza das mulheres da Cidade de Deus, por exemplo, acabou chamando a atenção do fotógrafo, que organizou, no início do ano, um desfile com jovens da comunidade. "As meninas desfilaram em uma passarela de madeira improvisada. As pessoas passavam e paravam para admirálas", lembra. O trabalho acabou rendendo uma proposta de produção para um editorial de moda de uma revista inglesa. "Os moradores não têm noção de seu valor. Agora é que eles estão aprendendo", garante Tony.

Sintonia total

O porteiro Paulo de Oliveira, a dona-de-casa Neide Alvadia e o assessor Antônio Pereira moram em diferentes bairros da cidade, como Duque de Caxias, Irajá e Cruz Vermelha. Juntos, fazem parte da relação de ouvintes da Rádio Viva Rio e passam o dia sintonizados no dial. "A rádio presta um serviço à sociedade. Gosto de saber o que está acontecendo na minha comunidade", diz Paulo. Neide destaca a programação musical. "A gente ouve música que tem a ver com a gente. Tem forró, tem samba de raiz e tem pagode", explica. Neide liga todos os dias para a rádio para pedir música e já virou amiga dos programadores. "A rádio é alegre, divertida e só toca música boa. Eu ouvia uma rádio no dial ao lado e acabei ouvindo e gostando da Rádio Viva Rio". Já Antônio Pereira vê na rádio um eficiente meio de comunicação. "Nenhuma outra rádio fala dos problemas das comunidades pobres como essa. A gente pode ligar, participar, fazer denúncia e saber o que está acontecendo de importante aqui perto", diz.

IX

e-espaços de comunicação

Estação Futuro

A idéia de criar a Estação Futuro inicialmente esteve ligada à necessidade de construir um espaço com acesso à Internet nas comunidades de baixa renda que permitisse a efetiva integração entre o vivafavela.com e a população local.

O Viva Rio havia criado o portal Viva Favela, mas ainda não dispunha de locais com acesso à rede e, sem esses espaços, o portal não poderia ser acessado por seu público-alvo. A maior barreira técnica era a questão da conexão: às vésperas do lançamento do portal, em julho de 2001, não havia meios de se instalar linhas telefônicas na favela da Rocinha, onde se localizaria a primeira Estação Futuro. Sem linha telefônica, não há conexão para a Internet e sem Internet não haveria como criar as Estações Futuro. A solução surgiu, por acaso, através de um contato com um empresário do Rio de Janeiro que estava trazendo ao Brasil um sistema de acesso à Internet através de rádio, sem a necessidade de instalação local de telefone. A tecnologia em questão foi empregada inicialmente durante a Guerra do Golfo e hoje é usada de forma comercial em Israel. O sistema funciona com uma antena que oferece Internet de banda larga, embora a preços que boa parte dos habitantes da favela não poderiam pagar. A empresa brasileira Taho considerou que subsidiar os custos de utilização de sua tecnologia numa grande favela do Rio de Janeiro, a Rocinha, na Zona Oeste da cidade, poderia ser amplamente compensada pela publicidade que a Estação Futura geraria.

O empreendimento foi um êxito e ganhou as manchetes do mundo inteiro. O Viva Rio, juntamente com a Taho, ganhou o principal prêmio da Wireless Communications Association (WCA), uma entidade que reúne as 530 maiores empresas de telecomunicações e consultorias do mundo. A parceria entre a Taho e o Viva Rio foi escolhida como melhor projeto social mundial de inclusão digital.

A Estação Futuro constitui um espaço com 25 computadores com acesso à Internet de banda larga (15 computadores para acesso e 10 para cursos e treinamento), serviços de impressão e de fax. Na atualidade existem 12 Estações Futuro, que deverão chegar a 15 até fins de 2003. O projeto Estação Futuro, que tem apoio do BID e da Comunidade Européia, não funciona apenas como um telecentro. Situado em região de fácil localização dentro da comunidade, a central ainda opera como clube de informática com cursos de diferentes níveis e oferece outros serviços desenvolvidos pelo Viva Rio, como o Viva Cred, o Viva Rio Seguros, o Comércio Solidário, serviço de procura de emprego e vários outros.

Em pouco tempo a Estação Futuro passou a integrar vários dos serviços que o Viva Rio vinha desenvolvendo nas favelas, de forma que, progressivamente, se transforma numa base logística para o desenvolvimento econômico, social, e cultural dentro da própria comunidade.

As Estações Futuro ficam abertas diariamente e são procuradas pelos moradores tanto para uso individual e, especialmente, pelos cursos oferecidos – em média 50% mais baratos que no "asfalto". São oferecidas aulas de programas básicos, como Windows, Word, Excel, Power Point, Publisher, Internet, Digitação, e ainda de montagem, manutenção e configuração de microcomputadores. Aumenta cada vez mais a procura por programas avançados, como Access e Visual Basic. Os cursos noturnos são os mais procurados, já que a população trabalha durante o dia e só resta a noite para investir na formação profissional. Na Estação Futuro da favela da Rocinha, por exemplo, são mais de 4 mil inscritos e 300 acessos diários desde sua inauguração. O valor cobrado pelos cursos e acesso é mínimo e seu objetivo é cobrir os custos operacionais da Estação.

Estação Futuro: mudança de hábito

Nos primeiros dias do lançamento da primeira Estação Futuro, mais de 250 pessoas se inscreveram nos cursos e, em muitos momentos, formam-se filas para o acesso à Internet, no valor de R$ 1,00 por meia hora de uso. Pelas ruelas da favela muitas crianças que normalmente gastariam esse valor com balas e nos fliperamas distribuídos pelos bares locais já preferem gastar seu dinheiro acessando a rede. Sem condições financeiras, alguns moradores pedem para acessar por apenas 15 minutos, pagando 50 centavos, valor que equivale a um terço de uma passagem de ônibus na cidade.

Com a instalação das Estações Futuro, houve uma mudança comportamental nos hábitos de muitos moradores. É grande, por exemplo, a procura por sites de companhias de serviços públicos, como de Luz, Água e Telefonia. Os moradores utilizam os sites para fazer reclamações e pedir serviços. Alguns até têm computadores em casa, mas não têm acesso à Internet. Outros, mesmo com computador e acesso, ainda preferem utilizar a Estação por causa do ambiente agradável, da banda larga que assegura uma maior rapidez e da orientação dos funcionários.

Jovens e adolescentes descobriram as salas de bate-papo e hoje a maior procura é pelos principais sites de chats, como o UOL e iG, e de encontros amorosos, como o Almas Gêmeas e o Par Perfeito. Os chats têm um significado especial na vida desses jovens. Neles, é possível conversar sem necessariamente se apresentar, dizer onde moram, como são. Assim, muitos jovens, que ainda sofrem com o preconceito de morar em favelas, preferem omitir a sua origem durante as conversas. Há casos de namoros e até casamentos através da Internet. Na Rocinha, um caso interessante chamou a atenção dos funcionários da Estação Futuro. Uma moradora conheceu um espanhol durante o carnaval. De volta à Espanha, o rapaz, enamorado, pediu para a moça que procurasse o cibercafé mais próximo para se comunicarem via e-mail – e foi ele quem sugeriu a própria Estação Futuro. O episódio indicou a necessidade do Viva Rio de investir mais na divulgação das Estações e de seus serviços.

A maior divulgação, porém, ainda é a de boca-a-boca. Os usuários acabam trazendo amigos e parentes para conhecer a Estação. Em época de aula, a grande procura é por sites de pesquisa. Em alguns casos, a própria Estação já produz uma relação de pesquisa sobre assuntos determinados. Em época de férias, os sites mais acessados são os de jogos e de entretenimento, como o Cartoon Network, o Fox Kids, o Dragon Ball Z e a MTV. Também fazem parte da lista dos sites mais acessados os portais religiosos, como o Elnet – para os evangélicos – e o ICP – para os fiéis da Assembléia de Deus.

As estações lutam para chegar a ser auto-sustentáveis. Para isso, o Viva Rio vem estudando a possibilidade de estimular o franchising das Estações Futuro. Hoje, já existem 12 espaços desses espalhados pelo Rio de Janeiro, em favelas como a Rocinha, a Maré, Ramos e em comunidades distantes como Praça Seca, Campo Grande e Santa Cruz. Um claro exemplo de projeto bem-sucedido é a filial do bairro de São Cristóvão, onde, nos fins de semana em que se realiza a feira nordestina, a procura por empregos através do portal Viva Favela em parceria com o FAT (Fundo de Amparo ao Trabalhador) é tão grande que as pessoas se acumulam e fazem fila para utilizar os computadores.

Estação Futuro: usuários

As Estações Futuro foram criadas e desenvolvidas para oferecer serviços às comunidades de baixa renda e, uma vez instaladas, acabam se adaptando às necessidades locais, diversificando seus serviços. Na Rocinha, por exemplo, já é grande a demanda pelos cursos de digitação e Web Designing. Para atender esse público, o Viva Rio desenvolve os cursos com a utilização de uma linguagem mais coloquial e, conseqüentemente, mais eficiente no ensino das técnicas dos programas de informática. Em todas as Estações, os usuários são, em sua maioria, adolescentes e jovens na faixa de 13 a 29 anos: 11% têm menos de 12 anos, 31% de 13 a 19 anos, 32% de 20 a 29 anos e 12% de 30 a 39 anos, e somente 14% acima de 40.

O Viva Rio organiza relatórios mensais sobre os usuários das Estações Futuro. De posse destas informações, desenvolve promoções de fidelização de clientes, divulgação dos serviços e do site. O serviço de acesso à Internet pode ser pré ou pós-pago. A intenção inicial do Viva Rio era de que, com o serviço pós-pago, os clientes ficariam mais à vontade para navegar e, assim, permaneceriam mais tempo utilizando os computadores. Muitos usuários, contudo, acessavam a rede e iam embora sem pagar pelo serviço, o que gerou certo prejuízo à primeira Estação, a da Rocinha.

Hoje, os usuários da Estação da Rocinha ainda preferem o serviço pós-pago. Mas com o serviço de cadastro e monitoramento, o problema da inadimplência foi solucionado. O número de clientes cadastrados aumenta constantemente. Em janeiro de 2003, a Estação da favela da Maré conquistou o maior número de clientes num só mês – um total de 130. A Estação do Cesarão, inaugurada em julho de 2002, já contabilizava, em janeiro de 2003, 646 clientes cadastrados, sendo 59% do sexo feminino.

O tempo médio de acesso varia a cada mês. Os meses do período letivo – quando as crianças usam a Internet para fazer pesquisas escolares – registram acessos mais longos que os de período de férias, nos meses de dezembro e janeiro. No mês de novembro de 2002, na Estação de Ramos, por exemplo, os usuários permaneceram, em média, 33 minutos nos computadores. Em janeiro de 2003, esse tempo caiu para 29 minutos. A distribuição de gênero também varia em relação a cada Estação. Se na Rocinha o número de usuários do sexo masculino (49%) é próximo do número de clientes do sexo feminino (51%), na Estação de Ramos a taxa de mulheres que acessam a Internet é de 34%, enquanto a de homens é de 66%.

Ao todo, formaram-se nas Estação Futuro, em 2002, quase sete mil alunos. A Estação Futuro da Rocinha destaca-se pelo grande número de inscritos nos seus cursos. Foram duas mil pessoas formadas em 2002, enquanto na Estação da Praça Seca foram registrados 564 alunos e na da Favela da Maré 711 alunos, no mesmo ano.

Rádio Viva Rio

Mesmo com a chegada e a expansão da TV, o rádio continua desempenhando papel central como meio de comunicação. Oferecido no mercado a um baixo custo, o aparelho pode ser transportado e ouvido em qualquer lugar do lar, da rua e no trabalho, independentemente do nível de alfabetização.

A democratização dos meios de comunicação, a partir do fim da ditadura militar, abriu espaço para novos canais de rádio, incluindo estações exclusivamente de cunho comunitário. No ano de 1989, um movimento coordenado por radialistas de todo país lutava para transformar rádios livres em rádios comunitárias, que produzissem informação sobre os temas referentes às suas respectivas regiões, além de valorizar as atrações locais. Em apenas três anos o sindicato dos radialistas já contabilizava mais de 3 mil novas rádios comunitárias.

As rádios comunitárias se expandiram vertiginosamente e hoje são mais de 15.000 em todo o país. Ainda assim, o mercado é dominado pelas rádios comerciais, que mantêm uma relação estreita com as gravadoras, interessadas em divulgar seus produtos. O empresariado pressiona o governo para que a regulamentação limite a expansão das rádios comunitárias. Exemplo disso é a proibição que as rádios comunitárias entrem em rede nacional.

De acordo com uma pesquisa feita pelo núcleo Favela, Opinião e Mercado, 64,2% dos ouvintes nas favelas sintonizam nas rádios FM e 20,9% na rádio AM sendo que 60,7% dessa audiência se refere à programação das rádios comunitárias. Destes ouvintes, 62,5% consideram boa a programação das rádios comunitárias que ouvem, 17,6% acham a programação ótima e 17,6% consideram regular. Apenas 2% consideram ruim a rádio que ouvem. Do público que ouve as rádios comunitárias, 52,6% o faz por causa das notícias divulgadas sobre a comunidade; 23,9% porque tocam músicas que não tocam nas rádios comerciais; 10,5% porque os artistas da comunidade podem mostrar seu talento; 10% porque a emissora não tem dono e, dessa maneira, qualquer pessoa pode participar da rádio.

• Rádio social

O Viva Rio decidiu investir em um projeto de rádio comunitária para aumentar o debate e a interação entre favela e "asfalto". Criada no final de 2002, a rádio Viva Rio AM 1180, que tem o slogan "A comunidade Aqui e Agora", surge com uma programação que valoriza os problemas e necessidades das populações mais pobres da cidade e com conteúdos que possam ser veiculados pelo conjunto das rádios comunitárias.

A meta do Viva Rio é desenvolver uma rede de rádios comunitárias de todo o país através da Internet. Os programas passariam a ser mais diversificados e com maior conteúdo, a audiência aumentaria e os patrocinadores passariam a investir anunciando nas rádios e visando o público mais desfavorecido. Para contornar o problema da dificuldade de criação de redes nacionais, a Rádio Viva Rio procurou novas formas de troca de conteúdo e informações entre as rádios comunitárias, sem criar formalmente uma cadeia nacional. Para viabilizar este projeto, o Viva Rio se propôs três grandes metas: apoiar as demais emissoras comunitárias – oferecendo-lhes capacitação técnica – para que se dotem com os equipamentos necessários para integrar a emissão via Internet, criar um centro de produção de conteúdo, formar jornalistas que atuem como correspondentes das rádios comunitárias, desenvolver uma programação extensa e diversificada voltada para as comunidades e criar um espaço comum onde as rádios comunitárias possam se encontrar e trocar idéias.

O primeiro passo da Rádio Viva Rio foi a inclusão da programação na Internet, de forma que possa ser acessada e retransmitida sem maiores dificuldades pelas outras rádios comunitárias. Hoje, é possível acessar a rádio Viva Rio, assim como outras rádios comunitárias, no site vivafavela.com.br. Com apenas 5 meses de vida, a rádio, que atinge o Grande Rio, mantém correspondentes comunitários de várias favelas e bairros pobres, treinados no Viva Rio, que entram na programação de hora em hora para dar informações sobre a própria comunidade.

A tecnologia empregada é acessível e também é fácil capacitar profissionais para manter a programação no ar. Através da rádio comunitária, os ouvintes descobrem novos e antigos valores e talentos da própria comunidade, além de terem acesso a um meio do qual podem participar ativamente.

• Defesa do cidadão

Muitas vezes a rádio comunitária recebe denúncias e reclamações da população local. As autoridades governamentais estão atentas às denúncias quando chegam ao grande público e passam a atuar nos problemas transmitidos através da rádio. Exemplo disso foi o caso de uma senhora do município de Queimados, no Rio, que decidiu recorrer à rádio comunitária para pedir remédios. O locutor da rádio leu a receita no ar e, em poucas horas, o poder público se manifestava para levar os medicamentos à enferma. Em tempo de eleições, os juízes do Tribunal Regional Eleitoral (TRE) também recorrem às rádios para que os locutores organizem debates políticos e possam, assim, conscientizar a população a respeito da importância do voto.

O poder público também vem formando parcerias com as rádios comunitárias na tentativa de combater o crime organizado na cidade. Os batalhões passaram a fazer coberturas de acordo com as denúncias dos ouvintes da própria região. Em alguns municípios, o índice de violência diminuiu após a parceria entre polícia militar e as rádios comunitárias.

- **Pluralidade cultural**

Sem o compromisso com as gravadoras, a rádio Viva Rio pôde criar uma programação totalmente voltada para o seu público. Assim, investe em jornalismo com informações de valor para a comunidade, resgata músicas antigas, aposta em novos talentos e presta, diariamente, um serviço com destaque para a população excluída da grande mídia, como o público negro, nordestino e, em menor medida, feminino. As mulheres preferem os programas de variedades (40,41% do total de ouvintes do sexo feminino) e musicais (71,51%) enquanto os homens são maioria quando o tema é notícia (31,2% contra 28% das mulheres) e esporte (19,5% contra 4,94% das mulheres).

O horário da manhã é o mais ouvido: 18% dos ouvintes sintonizam a rádio entre 6h e 9h e 20,4% entre 9h e 12h. Na programação, o primeiro horário é dedicado ao público nordestino. São levadas ao ar músicas do Nordeste, tradicionais e contemporâneas, além de cobertura de eventos em feiras típicas nordestinas, como as de São Cristóvão, Caxias e São Gonçalo. Logo em seguida é a vez do programa dedicado às mulheres, com músicas de perfil popular, jornalismo, entrevistas, dicas de emprego e serviços relacionados à comunidade. Quando foi inaugurada, a rádio Viva Rio mantinha uma baixa audiência no horário da tarde. Com o tempo, os programadores perceberam uma forte demanda de ritmos alternativos, como hip-hop e a black music. Hoje, o período da tarde é todo dedicado ao público jovem. Nesse horário, os programas já alcançam uma maior audiência graças ao conjunto formado pelas mais diferentes tribos que ouvem do reggae ao hip-hop, passando pela black music, rock, samba, MPB e calipso.

No total são 17 programas produzidos por um staff de 20 pessoas, entre coordenadores, engenheiros eletrônicos, operadores de áudio, locutores e correspondentes comunitários. A rádio conta atualmente com o apoio do Sistema Globo de Rádio e da empresa .comDominio e busca parcerias com outras grandes empresas. Uma das idéias é veicular spots com temas sociais de empresas públicas e privadas. Uma das experiências mais bem-sucedidas foi na epidemia de dengue que, em 2001, afetou a cidade do Rio de Janeiro. A rádio criou um spot de 30 segundos com uma campanha de prevenção e combate à dengue e o vendeu para o Ministério da Saúde. O comercial foi veiculado em rádios comunitárias de todo o estado.

Espaço Criança Esperança

O prédio que abriga o Espaço Criança Esperança foi inicialmente projetado para um luxuoso e enorme "Hotel Panorama". As instalações do hotel foram erguidas no alto de um morro, onde antes havia uma pedreira, na Rua Alberto de Campos, em Ipanema, um dos bairros mais nobres do Rio de Janeiro, ao lado da favela do Morro do Cantagalo. Ao lado do hotel foram construídos dois elevadores que levariam os hóspedes da rua até o hotel, que disporia de um vista espetacular para a Lagoa e para a praia de Ipanema. Várias dificuldades levaram ao abandono de sua construção, que já estava bastante avançada, incluindo os elevadores e as estruturas do prédio.

Depois de anos de lutas judiciais, parte do espaço foi utilizado para a construção de uma escola pública. O prédio foi acondicionado pela Unicef e, em conjunto com a TV Globo, foi idealizada a criação do "Espaço Criança Esperança", um projeto social que posteriormente foi estendido para São Paulo. O Viva Rio assumiu a execução e administração do projeto, que oferece atividades artísticas e esportivas para crianças e adolescentes de comunidades carentes. O objetivo é preencher permanentemente o tempo vago desses menores após o horário escolar.

A equipe do Espaço Criança Esperança do Rio de Janeiro é constituída por 40 profissionais, entre professores, coordenadores, agentes educadores, todos capacitados pelo Viva Rio. O projeto beneficia os 15 mil moradores do morro do Cantagalo e do Pavão-Pavãozinho. A cada duas crianças dessas comunidades uma já participa das atividades do Espaço Criança Esperança. A maioria dos participantes dos programas – 90% dos jovens matriculados – pertence a essas comunidades.

O local possui uma "Biblioteca do Futuro", montada com o apoio da Biblioteca Nacional, dos Correios e da Divisão de Biblioteca e Documentação da Pontifícia Universidade Católica do Rio de Janeiro (PUC). Nela, os moradores podem utilizar a Videoteca, o Laboratório de Línguas e 32 computadores ligados à Internet. A Biblioteca possui um Espaço Infantil para estimular a leitura de crianças de 5 a 12 anos e promove palestras e visitas de personalidades do meio literário e artístico. Exposições, debates, palestras e sessões de vídeo e com contadores de histórias acontecem com freqüência, e o Clube das Mães recebe mensalmente 350 mães que fazem atividades esportivas e artísticas. Lá, elas têm aulas de corte e costura, crochê e reforço escolar de 1ª a 4ª série.

Hoje, o espaço já conta com dois mil alunos, entre 4 e 18 anos, matriculados nas aulas de esporte e oficinas de arte e por lá passam mais de 7 mil jovens a cada mês. Ao todo são 86 turmas de atividades, como futebol, futsal, basquete, vôlei, natação, teatro e dança e grupos de discussão de temas ambientais. Outros 500 jovens acima de 18 anos formam times de futebol que participam, a cada semana, de torneios noturnos. O espaço também promove exposições de obras de artistas plásticos locais e de fora e realiza gincanas sociais e torneios pela paz com participação de empresas, universidades e escolas municipais.

Recentemente, 45 jovens do projeto ingressaram no novo sistema de monitoria de primeiro emprego. Os monitores, das categorias de 14 e 15 anos e de 16 e 18 anos, são todos alunos do projeto, freqüentadores desde o ano anterior. Eles terão uma jornada de 20 horas semanais, com a obrigação de continuarem freqüentando a escola, bem como as atividades do Espaço, enquanto alunos. É acompanhado o desempenho dos monitores na escola e nas atividades do projeto como critério de permanência e renovação para o ano seguinte.

Quadro J – Experiências na Estação Futuro e Espaço Criança Esperança

O repolho

Na favela da Maré um caso curioso: um garoto, sem dinheiro, apareceu com um repolho na recepção da Estação. Quis trocar o repolho por alguns minutos de acesso. Ganhou a chance de navegar grátis pela primeira vez na Internet e levou o repolho de volta para casa. Hoje, o menino é cliente fiel da Estação.

Compras pela Internet

Até entrar pela primeira vez na Estação Futuro, o operador de caixa de supermercado, Antônio Manoel, 35 anos, nunca havia sentado diante de um computador. Aprendeu a navegar na Internet com a ajuda dos monitores da Estação e hoje acessa a rede três vezes ao dia. Através da Internet Manoel participa de chats, troca e-mails, ouve música e faz compras. "É mais barato e mais cômodo. Não preciso descer o morro para comprar o que preciso", explica Manoel que já introduziu os filhos Simone, de 8 anos, e Marcelo, de apenas 4 anos. O garoto já aprendeu a jogar e navegar no site do Cartoon Network.

Visão de fora

O estudante Alexander Salvador, de 21 anos, trocou Buenos Aires pelo

Rio de Janeiro. Mais especificamente, pela Rocinha. Morador da favela há um ano ele usa os computadores da Estação Futuro para ler os jornais diários e manter contato com a família e os amigos na Argentina. O que mais o impressiona na Estação Futuro é a procura pelos chats. "É incrível a necessidade deles de se comunicar com o mundo. Nem que o mundo seja ali em Copacabana", analisa Alexander, que está sempre ajudando os internautas estreantes.

Bate-papo virtual

Aline, 18 anos, é viciada em salas de bate-papo. Conheceu a Estação Futuro através das amigas e passou a fazer parte da turma que freqüenta as salas de chats. Nelas, Aline aproveita para fantasiar sobre sua aparência. "Aqui a gente não precisa se mostrar, dizer quem a gente é de verdade, então dá para aumentar um pouquinho", confessa a jovem que se diz tímida. Além do site da MTV, Aline também aproveita a rede para acessar sites de emprego, como o CAT e a revista eletrônica do portal Viva Favela.

Escritório

Há apenas seis meses no comando da Estação Futuro de Campo Grande, a jovem Aline Ramos, de 23 anos, já se orgulha dos números alcançados. "400 pessoas passam por aqui, em média, a cada dia", diz Aline. A procura pelos cursos dos Clubes de Informática e pelo acesso à Internet é tanta que os funcionários não dão conta de atender a todos os pedidos para incluir os currículos na CAT. "A nossa Estação fica localizada no centro do município e isso explica tanta procura. Só de currículo recebemos 50 a cada semana", diz a gerente. Ela conta que boa parte dos usuários é de trabalhadores que utilizam a Estação como um escritório. "Eles passam fax, imprimem trabalhos, fazem pesquisas, trocam e-mails", revela.

Aula de costura

Integrante do Clube das Mães, a jovem Andréia Antunes, de 30 anos, viu nas aulas de Corte e Costura do Espaço Criança Esperança a chance de aprender um ofício. "Tá difícil arrumar um emprego e por isso decidi me inscrever no curso", explica. Na sua turma, são 12 alunas das mais variadas idades, todas dispostas a um emprego melhor. Após três meses de aulas, Andréia já ensaia as primeiras peças. "Fiz uma saia tortinha, mas é assim que começa. Estou treinando para ser uma costureira profissional", adianta Andréia.

Ouvintes

A rádio Viva Rio já registra ouvintes de várias partes do mundo. A produção recebe e-mails dos mais diferentes países, como da África do Sul – de onde um ouvinte acompanha a programação diariamente através da Internet – e da Finlândia – de onde um radioamador "pescou" a rádio e não perde os programas de hip-hop. Muitos brasileiros residentes no exterior também sintonizam a rádio em busca de contato com sua cultura natal.

X

e-educação/e-formação

Telessalas

O principal problema das novas gerações das grandes cidades brasileiras não é o analfabetismo – embora esteja presente em porcentagens relevantes nas faixas etárias de maior idade – mas o abandono precoce da escola, onde receberam, em geral, um ensino de baixa qualidade, que dificulta posteriormente a integração no mercado de trabalho. No estado do Rio, 1.102.509 jovens de 15 a 24 anos abandonaram a escola antes de completar o segundo segmento do ensino fundamental (5ª a 8ª série), o que corresponde a 29,2% do total. Na região metropolitana do Rio, são 757.613 jovens (26,5%) e na cidade do Rio 332.043 jovens fora da escola (22,2%). A maioria deixa os estudos para poder trabalhar e ajudar a família. Com o passar do tempo, acabam não voltando à escola e, sem diploma, ficam fora do mercado de trabalho – que exige, cada vez mais, no mínimo, o ensino médio (antigo 2º grau). Desempregados, esses jovens passam a ser as maiores vítimas da violência, pois, com baixas chances de se integrarem no mercado de trabalho, são facilmente atraídos para o tráfico.

Um dos principais programas do Viva Rio é o Telecurso Comunidade, baseado no Telecurso 2000, um sistema de educação a distância desenvolvido no Brasil pela Fundação Roberto Marinho com recursos da Fiesp (Federação de Indústrias do Estado de São Paulo), constituído por um conjunto de vídeos acompanhados por livros, originalmente planejado para ser transmitido pela televisão. O programa do Viva Rio foi lançado, em 1995, tendo como parceiros, além da Fundação Roberto Marinho, a Confederação Nacional da Indústria (CNI), o Serviço Nacional de Aprendizagem Industrial (Senai-DN) e o Ministério do Trabalho. Posteriormente, o programa foi ampliado para parcerias com prefeituras e o governo do estado. O Viva Rio participa capacitando monitores e fazendo a supervisão pedagógica, a identificação dos parceiros locais e a administração geral.

As aulas são ministradas em salas instaladas nas próprias comunidades, em parceria com instituições locais. Os alunos recebem ainda aulas de cidadania, sexualidade/Aids e orientação de como entrar no mercado de trabalho. Mais de 60 mil alunos já foram beneficiados por esta iniciativa. As aulas, que acontecem diariamente entre 18h e 22h, são ministradas sempre com a ajuda de um Orientador de Aprendizagem, que orienta os alunos individualmente e faz o acompanhamento dos exercícios propostos pelas teleaulas. O curso completo do ensino fundamental tem duração de dez meses, e o do ensino médio, onze meses. O Orientador ainda promove a integração entre os alunos, desenvolvendo e estimulando trabalhos em grupos. Para se inscrever no Telecurso Comunidade, os alunos devem ter mais de 15 anos.

Como forma de complementação das aulas, o Viva Rio criou, em parceria com a Fundação Roberto Marinho, o Banco de Questões Telecurso 2000 de Ensino Fundamental, direcionado para projetos de educação de jovens e adultos. Com o Banco, o Viva Rio também pretende detectar conteúdos que necessitem de reforço e de revisão. Através do banco de dados, os alunos têm acesso às provas gerais ou relacionadas a cada matéria para testarem seu conhecimento, e o programa avalia os processos de aprendizagem e permite que os alunos façam uma auto-avaliação pela Internet. Além de oferecer na rede um banco de questões e provas referentes às disciplinas de Português, Matemática, Geografia, História e Ciências, o programa produz exames de certificação compatíveis com o curso.

Através de um exame organizado pelo Ministério da Educação, os alunos obtêm diplomas de ensino fundamental e/ou de ensino médio. O sucesso do empreendimento está justamente na simplicidade do programa. Em geral, a iniciativa parte da própria comunidade, através de pedidos de representantes locais. O primeiro passo é escolher um local arejado e com espaço para comportar os alunos. O local escolhido varia de acordo com as comunidades, podendo ser implantado tanto em centros comunitários como em refeitórios, paróquias, associações de moradores, centros esportivos, bibliotecas, escolas públicas e casas particulares. Uma vez escolhido o local, é preciso montar a telessala com o material básico: mesas, cadeiras, um quadro-negro, uma televisão e um vídeo.

As pessoas que se inscrevem têm as mais diferentes ocupações, como profissionais do lar, pedreiros, manicures, contínuos etc. As turmas, que têm entre 30 alunos, são compostas majoritariamente por desempregados ou pessoas que trabalham em empregos precários no setor informal. De 1999 a 2001, os participantes do programa Telecurso Comunidade de ensino fundamental se dividiam praticamente entre homens e mulheres: 50,7% são mulheres e 49,3% homens. A maior parte dos alunos era formada por jovens entre 21 e 29 anos (34,2%). Os alunos na faixa etária até 20 anos somavam 30%; de 21 a 30 anos, 34%; enquanto os de 30 a 39 anos somavam 19% e 17% dos estudantes tinham mais de 39 anos. De acordo com uma pesquisa realizada entre os alunos, 38,1% se autodefiniam como pardos, enquanto 37,5% se definiam como brancos. Apenas 21,7% se julgavam negros e 1,9%, amarelos; 0,9% se classificou como indígena. Dos alunos, 56% eram solteiros e 23% casados. Outros 21% classificaram seu estado civil de outras formas. Em relação à participação na renda familiar, 49,1% eram dependentes e 36,5% chefes de família e outros 14,4% ajudavam a compor a renda familiar.

Dos alunos entrevistados, 41,3% dizem ter renda mensal, enquanto 58,7% não possuem rendimentos fixos. Dos que têm renda, 19,3% recebem entre 200 e 300 reais, enquanto 15,8% recebem mensalmente um salário de 300,1 a 400 reais; 14,8% recebem entre 500,01 e 750 reais; e 12,5% entre 400,01 e 500 reais; 11,7% recebem um rendimento de apenas 150,01 a 200 reais, 9,8% têm renda de 750,01 a 1.000 reais e 16,1% não informou. Dos alunos aprovados nas cinco matérias, 56,3% são mulheres e 43,7% são homens; 32,1% dos aprovados se classificam como de cor branca e 67,9% como de outra cor, não branca.

Em 2003, pelo menos 250 telessalas do Telecurso Comunidade serão implantadas em 18 municípios do estado do Rio de Janeiro, beneficiando 6.200 jovens. Graças a uma iniciativa do Viva Rio, da CNI, do Senai-DN, do Ministério do Trabalho, do Planfor, do FAT (Fundo de Amparo ao Trabalhador), da Fundação Roberto Marinho e do Centro de Estudos Supletivos (CES) da Secretaria de Estado de Educação, esta nova fase do programa Telecurso Comunidade também oferece aos alunos participantes 50 horas de aulas de informática. O Viva Rio preparou as primeiras Estações Futuro para receberem alunos do Telecurso Comunidade, de forma que, ao finalizarem o curso, eles já saem com conhecimento básico de programas, como Windows, Word e Excel.

Através de uma parceria com o Senai, o Telecurso Comunidade também investiu nos cursos profissionalizantes e já oferece vagas de capacitação profissional nas áreas tecnológicas aos alunos com melhor rendimento ao longo dos cursos de ensino médio e fundamental. Os alunos do Telecurso Comunidade podem também acessar nas Estações Futuro as bibliotecas virtuais e o site do Telecurso 2000. Através do site, os estudantes podem tirar dúvidas, imprimir exercícios, ler material adicional sobre os temas das aulas, conferir os dias e os locais das provas e saber como obter o certificado concedido pelo Ministério da Educação.

Uma parceria com a Telemar e com o Instituto Multiplicar permite premiar os professores que mais se destacam no projeto Telecurso Comunidade. A iniciativa, denominada "Prova de Êxito", busca valorizar o empenho do professor na formação desses alunos de comunidades de baixa renda. Para cada aluno aprovado com média acima de 60 em determinada disciplina, o professor recebe uma bonificação de 20 reais. Em 2001 foram distribuídos 700 mil reais entre 316 profissionais. Uma parceria importante feita, em 2003, com o jornal *O Globo*, o programa, de "Assinatura Social", permitiu durante um período que uma porcentagem do valor das novas assinaturas fosse revertida para o programa Telecurso Comunidade. Cada duas assinaturas pagam os estudos de um aluno no projeto.

Recentemente, o Viva Rio foi responsável, a partir de um convite do Ministério das Relações Exteriores, pelo treinamento e instalação de um programa similar ao Telecurso Comunidade no Timor Leste.

Clubes de Informática

Concebido antes da Estação Futuro, o Clube de Informática foi a primeira ação do Viva Rio na luta contra a exclusão digital. Em 1998, a equipe de Informática do Viva Rio desenvolveu e ministrou, nos seus projetos Serviço Civil Voluntário e Oportunidades do Futuro, os primeiros cursos de Windows 95, Word, Excel, Publisher, Internet e Access. Na ocasião, foram capacitados 6.200 jovens.

Com a boa aceitação do projeto nas favelas, a ONG passou a investir no tema e criou os primeiros Clubes de Informática, que capacitam, em média, 20 mil alunos a cada ano. Para viabilizar o programa, o Viva Rio procurou bases e parcerias dentro das próprias comunidades. Dessa forma, representantes de uma instituição fixada na comunidade se responsabilizam pela escolha e preparação do local que virá a abrigar o Clube de Informática. Os espaços são os mais variados possíveis. No Morro do Alemão, o Clube foi montado na própria associação de moradores da comunidade – situação mais comum –, enquanto em Sepetiba uma creche serve de abrigo para o programa. Há um Clube sediado em um centro espírita no bairro do Ingá, em Niterói e tantos outros baseados em igrejas católicas, metodistas, presbiterianas. Em Queimados, por exemplo, o Clube de Informática, que funciona nos três turnos, com uma média de seis turmas a cada novo período, tem parceria com o Instituto Cidadania e Solidariedade, uma entidade filantrópica.

Para que o programa possa ser implementado com sucesso, o Viva Rio desenvolveu três opções do projeto. O objetivo é adequar o programa às condições financeiras e de localização de cada comunidade. O primeiro –

o Básico ou Minimalista – tem uma estrutura pequena – em média cinco computadores – e tem como principal característica a qualificação profissional. Nele, são oferecidos apenas os cursos básicos e serviço de impressão. O acesso à Internet só acontece nos próprios equipamentos durante as aulas ou nos horários disponíveis.

A segunda opção é o modelo Plus ou Expandista, que dispõe de 10 equipamentos e um outro espaço para montagem e manutenção e acesso à Internet. Além dos cursos básicos, os alunos dessas comunidades de baixa renda também podem optar pelos cursos avançados (AutoCad, Linux, PageMaker, Photoshop, HTML, Front Page, Delphi, Visual Basic, Corel Draw, Redes e Web Designer). A última opção, a Master, é o projeto que deu forma às Estações Futuro. Nesse modelo, o espaço funciona como verdadeiro centro de integração de serviços, que vão além da Informática. Aos serviços oferecidos nos primeiros dois modelos somam-se o de gravação de CD, Comércio Solidário, Comércio Eletrônico, Balcão de Direitos e Microcrédito.

Em todos os modelos, o Viva Rio atua como gerenciador destinando um profissional para cuidar das funções administrativas. Cabe à ONG supervisionar as atividades, avaliar e capacitar professores, oferecer consultoria para equipar e montar o clube, preparar planos e cronogramas das aulas, disponibilizar material pedagógico e fornecer certificados para os alunos. Os cursos, que duram em média um mês (são 16 horas de aulas), utilizam uma linguagem simplificada para que o aluno, recém-apresentado ao mundo da informática, possa aprender sem grandes dificuldades. Os preços dos cursos e do acesso à Internet são bastante atraentes. Cada curso varia entre 10,00 e 20,00 reais, e o material didático é vendido a preço de custo.

Assim como a Estação Futuro, o Clube de Informática também foi desenvolvido de forma que se auto-sustentasse. Para isso, o Viva Rio concebeu o projeto, desde seu início, como um empreendimento que pode ser transformado em franchising. De fácil localização, com atendimento personalizado e infra-estrutura atraente, o clube de informática preenche os principais quesitos para se tornar um produto transferível à iniciativa privada.

Projeto Cisco: Formação de técnicos e rede

Dentre as novas atuações da ONG Viva Rio, estão as Academias Cisco – Cisco Networking Academies (CNA) –, um laboratório de alta tecnologia que faz parte do projeto de capacitação e formação de jovens de regiões de baixa renda. Trata-se de uma parceria entre a Cisco e o Viva Rio, que conta com o apoio do Banco Interamericano de Desenvolvimento. O Projeto

Cisco foi idealizado para atuar em parceria com o projeto Viva Micro, que visa facilitar a compra de microcomputadores e equipamentos pelos moradores das comunidades de baixa renda.

A proposta do projeto é, com a ajuda da Internet, capacitar os estudantes mais qualificados e motivados dos Clubes de Informática a trabalharem com redes de computadores. Os alunos matriculados nos cursos de informática ministrados nas Estações Futuro poderão continuar o aprendizado, dessa vez através do programa de e-learning – cursos baseados na web. Dessa forma, eles podem se profissionalizar a um baixo custo e sem necessariamente sair de sua comunidade. Como forma de incentivo, o Viva Rio, que deverá iniciar a implementação do projeto em 2003, distribuirá bolsas para os jovens que se destacam nos cursos básicos e avançados oferecidos pelas Estações Futuro para transformarem-se em técnicos de redes.

Com a implantação do projeto Cisco, o Viva Rio pretende oferecer, além de formação, um certificado-padrão aceito pela indústria. Uma vez matriculado, o jovem pode escolher dentre as opções de cursos oferecidos pela academia Cisco, como aulas de construção, manutenção e desenho de redes. Com metodologia pedagógica especializada, os professores monitoram e acompanham a evolução dos alunos nos cursos e promovem treinamento e atualização dos próprios monitores das Estações.

Programa de excelência na educação de jovens de baixa renda

São poucas as chances de jovens de baixa renda de serem selecionados no exame de vestibular das universidades públicas e, quando entram na universidade, de terem um rendimento adequado. Um novo programa do Viva Rio, que acaba de ser lançado com o apoio da empresa Light e da Secretaria de Estado de Educação, procurará aumentar o rendimento acadêmico através de um projeto que selecionará, em 66 escolas da rede pública estadual de sete municípios do Rio, 200 jovens entre 15 e 18 anos, que receberão uma bolsa de R$ 60,00 e apoio pedagógico para que tenham êxito no vestibular. Esse reforço escolar será oferecido por 50 universitários, também escolhidos pelo programa de acordo com o coeficiente de rendimento, que receberão bolsa no valor de R$ 400,00. Os recursos para a implantação do programa são garantidos pela Light. Ao Viva Rio cabe, entre outras atividades, orientar a seleção dos jovens e zelar pela qualidade do processo pedagógico.

Bibliotecas Virtuais

Nas telessalas e no site do Viva Rio, os alunos são orientados para completar sua formação educacional a utilizar as bibliotecas públicas da cidade – são 21 espalhadas pela cidade. A Rede Municipal ainda dispõe das bibliotecas volantes, batizadas de Monteiro Lobato e de Carlos Drummond de Andrade, que circulam por essas comunidades – e também de bibliotecas on-line.

O Viva Rio é parceiro do projeto de Bibliotecas Virtuais do Programa Sociedade de Informação do Ministério de Ciência e Tecnologia. O objetivo é estimular o hábito pela leitura e aquisição de conhecimento, incentivando, assim, a prática da cidadania e a complementação da formação escolar e profissional.

A Biblioteca do Futuro conta com acesso público a computadores disponíveis para pesquisa e acesso à Internet, apoio de profissionais e metodologia especial para portadores de deficiência – como um setor de braile – e grande acervo de obras que podem ser utilizadas pelas unidades escolares da comunidade. A primeira Biblioteca do Futuro foi inaugurada no Espaço Criança Esperança, no Cantagalo, e a meta do Viva Rio é montar outras Bibliotecas do Futuro, com todos esses serviços e infra-estrutura, em outras comunidades de baixa renda da cidade.

Outro projeto similar na área de bibliotecas virtuais em que o Viva Rio está envolvido é a Biblioteca Virtual do Estudante Brasileiro, um programa desenvolvido em parceria pela AT&T Foundation e a Escola do Futuro da USP. Com apoio do ICDE (International Council for Distance Education), da Fundação Roberto Marinho e do sistema Fiesp, o portal do Estudante Brasileiro (www.portaldoestudante.com.br) conta com serviços diferenciados de educação a distância. De acordo com uma pesquisa realizada pelo próprio portal, 50,7% dos acessos ao portal provêm de escolas públicas e 49,3%, de escolas particulares.

Com um design prático e simplificado, o portal Estudante Brasileiro pode ser acessado de forma gratuita por alunos e professores do ensino médio ao universitário. Nele, é possível encontrar textos de obras da literatura brasileira e estrangeira – são 3.800 obras disponíveis –, artigos, documentos, imagens e sons. Um dos objetivos do projeto, a formação a distância, é posto em prática através dos livros e provas do Telecurso 2000. A linha de ensino, sempre voltada para o mercado de trabalho, é a mesma utilizada nas telessalas.

A parceria firmada entre a Fundação Roberto Marinho – que desenvolve os telecursos – e a biblioteca virtual permite que os alunos das telessalas acompanhem os cursos, tirem suas dúvidas, façam pesquisas, realizem exercícios e provas com a ajuda da Internet. Dessa forma, esses estudantes podem ter acesso à educação pelo computador da própria casa ou pelos Clubes de Informática e Estações Futuro sediados em sua comunidade.

As bibliotecas virtuais também são utilizadas como referência no estudo e conhecimento de informações sobre as próprias comunidades. A Biblioteca Virtual de Estudos Culturais, por exemplo, traz um grande acervo com textos, publicações, artigos, periódicos, cadastro de pesquisadores, editoras e livros, sempre referentes à cultura contemporânea. Organizada pelo Programa Avançado de Cultura Contemporânea (PACC) da Universidade Federal do Rio de Janeiro (UFRJ), a Biblioteca faz parte do programa Prossiga, do CNPq. Nela é possível encontrar, por exemplo, a história do Movimento Hip-Hop – ritmo adotado por jovens de comunidades de baixa renda, principalmente das periferias de São Paulo, como forma de expressão social – ,com destaque para o site do Real Hip-Hop!, uma organização que utiliza o site do vivafavela.com para divulgar a filosofia e as novidades de sua tribo. Dessa forma, inicialmente destinado a pesquisadores da cultura contemporânea, o site também pode ser acessado por pessoas interessadas em se informar e conhecer mais sobre a sua história cultural e de sua própria comunidade.

Universidade à distância

Um consórcio de universidades públicas do Rio de Janeiro, com o apoio da Secretaria de Ciência e Tecnologia do Estado do Rio de Janeiro, a Fundação Centro de Ciências e Educação Superior à Distância do Estado e a Fundação Cecierj, desenvolveu um programa de ensino superior à distância orientado para os municípios do interior do estado.

O Viva Rio integrou-se ao projeto, propondo a realização de cursos em espaços de grande circulação pública. Ainda funcionando de forma embrionária, a participação do Viva Rio no projeto da Universidade à distância foi montada na área desocupada de uma grande estação rodoviária em Campo Grande, no estado do Rio de Janeiro. A intenção do Viva Rio é de transformar e adaptar espaços de passagens de grande número de pessoas em centros de estudos e de formação de ensino superior. Batizada de Pólo de Ensino Superior à Distância Cândido Portinari, a universidade oferece cursos de licenciatura em Matemática, Pedagogia, Física e Biologia. A proposta do Viva Rio é estender o projeto para outros espaços, inclusive shoppings das periferias da cidade, e criar, até o final do ano, um programa de educação à distância inteiramente digital, com ajuda de recursos tecnológicos, como o CD-rom e a Internet.

Villa-Lobinhos/Nós do Cinema

Entre os projetos especiais do Viva Rio, encontram-se o Villa-Lobinhos, que promove educação musical de excelência para jovens instrumentistas de famílias de baixa renda, e o Nós do Cinema, que dá aulas de produção cinematográfica e jornalismo para jovens, ambos criados em 2000.

No Villa-Lobinhos, jovens de 12 a 20 anos recebem aulas de percepção musical, instrumentos, prática de conjunto e informática, além de orientação escolar. Com apoio do Instituto Moreira Salles e do Museu Villa-Lobos, o programa conta com a participação de professores do mais alto nível e já beneficiou 25 jovens a um custo mensal médio de 780,00 reais por aluno.

Ao procurar novos talentos para o elenco do filme *Cidade de Deus*, os diretores do filme iniciaram um processo de seleção seguido de uma oficina de interpretação para o cinema, que durou quatro meses e contou com a participação de 200 jovens de diferentes comunidades. Com o fim das filmagens, em 2001, foi criado o Núcleo Nós do Cinema, que conta com 50 alunos de comunidades de baixa renda. Kátia Lund, uma das diretoras do filme, é a principal animadora do grupo. Os jovens têm aulas de roteiro, direção, fotografia, câmera, produção, sonorização, direção de artes, figurino, montagem, edição e finalização. Com o apoio do Viva Rio, o projeto prevê a criação de núcleos de jornalismo integrados com o projeto Viva Favela. A idéia é produzir reportagens para TVs a partir das matérias elaboradas pelos correspondentes comunitários do portal.

Educação pelo esporte

O Viva Rio tem investido intensamente em programas de incentivo à prática das mais diversas modalidades esportivas com o objetivo de melhorar as condições de vida dos jovens de comunidades de baixa renda, que normalmente não têm como ocupar o tempo ocioso. Esta atividade é realizada em parceria com a Secretaria de Estado de Ação Social e Cidadania do Rio de Janeiro e com a campanha "Criança Esperança", realizada anualmente pela TV Globo. Assim, foram criados os "Jogos da Esperança" e os "Jogos da Paz", que promovem uma série de campeonatos por todo o Rio de Janeiro. O programa também conta com o apoio da Unesco, do Instituto Ayrton Senna, da Coca-Cola, do Unibanco e da Secretaria de Direitos Humanos do Ministério da Justiça.

Qualquer jovem pode participar dos "Jogos da Esperança". Uma vez formadas as equipes, os torneios podem ser realizados nos mais diferentes locais: em quartéis, em praças públicas, em clubes ou escolas, sempre sob a orientação de um professor de educação física ligado ao Viva Rio. Como forma de incentivo, há premiações com medalhas e troféus. Em seu primeiro ano de criação, em 1999, os "Jogos da Paz" tiveram 49 mil inscritos e, na cerimônia de abertura, compareceram 20 mil jovens. Ao todo, foram organizadas 2.508 partidas em cinco modalidades esportivas. Em 2000, foram 72 mil inscritos e um total de 3.499 partidas. Já os "Jogos da Esperança", realizados em 2000 em todo o Brasil, contaram com um total de 250 mil inscritos. Em 2002 os Jogos não aconteceram por falta de patrocínio, mas sua realização está prevista para 2003.

A "Luta pela Paz" é outro projeto esportivo do Viva Rio, com apoio do Grupo Cultural AfroReggae e da Associação de Moradores do Parque União. Trata-se de uma academia de boxe registrada pela Federação Brasileira de Boxe, em que são treinados cerca de 40 alunos entre 12 e 25 anos. Além do treinamento esportivo em pugilismo, os jovens recebem aulas semanais sobre cidadania e resolução pacífica de conflitos.

Quadro L – Informática na comunidade

Educação universitária

Aos 19 anos, o estudante de Letras da UFRJ, Renato Vasquez, orienta os alunos de uma turma do Telecurso Comunidade da Estação Futuro de São Cristóvão há um ano. Decidido a atuar como voluntário, Renato fez testes no Viva Rio e, atualmente, monitora 25 alunos de 15 a 50 anos matriculados no curso de Ensino Fundamental. "Eles são carentes de atenção. Chegam cansados do trabalho, mas saem motivados das aulas", conta Renato, que se considera um educador. "Eles têm que entender e não decorar a matéria, por isso tento ensinar da forma mais dinâmica possível", explica.

Recomeço

Aluno de um dos Telecursos Comunidade, Silvio Diniz não perde uma aula sequer. "Chego pontualmente e estudo bem todas minhas lições", conta Silvio, que costuma sentar na primeira fileira e é considerado um dos melhores alunos de sua sala. Silvio tem uma história triste: passou anos sofrendo o problema do alcoolismo e do vício das drogas e parou de estudar ainda na infância. Hoje, gerencia um centro de tratamento para pessoas viciadas em drogas e aproveita para voltar aos estudos. "Ninguém cresce na vida sem uma formação", reconhece Silvio.

Estágio sonhado

O estudante Augusto César Bonfim, de 17 anos, viu no Clube de Informática a chance de melhorar seu currículo e conseguir um emprego. "A gente tem que saber usar o computador para conseguir um lugar na vida, né?", argumenta. Após fazer os cursos de Windows, Word, Excel, Acess e Internet, Augusto acabou ganhando um estágio na Estação Futuro, onde fez os cursos. Aluno dedicado, ele agora sonha em trabalhar com manutenção de computadores. "Vou me inscrever no curso de Manutenção do Projeto Cisco e aprender a instalar programas, consertar placas e viver disso", diz. Quando não está trabalhando, o jovem aproveita para entrar nas salas de bate-papo para conversar com os amigos. "Fiz os cursos e meus amigos vieram fazer também e agora todos nós temos e-mail. A gente conversa pelo computador", conta.

Lugar de estudo

Localizada ao lado da rodoviária, atraindo a atenção das pessoas que passam pelo local, a Estação Futuro da cidade de Macaé não oferece apenas cursos de informática e acesso à Internet, mas abriga também 38 telessalas. "Antes a gente olhava desconfiado, querendo saber o que era esse lugar. Agora a gente bate ponto aqui todo dia", conta Paulo Dias, que trabalha no pólo petrolífero sediado na cidade. Paulo destaca o serviço da Estação. "A gente vem tanto aqui para estudar, fazer cursos, entrar na Internet etc., que acaba virando amigo dos funcionários", brinca Paulo.

XI

e-trabalho/e-negócios

Viva Cred

Um dos projetos pioneiros do Viva Rio, e hoje totalmente auto-sustentado, é o Viva Cred, uma unidade do Viva Rio com autonomia operacional, que oferece linhas de financiamento a empreendedores e pequenos empresários instalados nas favelas e bairros pobres. Criado em 1996, o Viva Cred foi inspirado inicialmente na experiência da Internationale Projekt Consult (IPC), uma consultoria de microcrédito alemã, que, inclusive, assessorou o Viva Rio no período de implantação do projeto. À diferença de boa parte dos chamados bancos populares, em que o crédito é securitizado por um grupo (joint surety), a metodologia desenvolvida com o IPC orienta-se para créditos individuais.

O Viva Cred possui hoje um profundo know-how na área de monitoramento de minicrédito, com um sistema informatizado de administração e monitoramento do portfólio desenvolvido pelo Viva Rio, que inclui informação sobre a família do cliente, avaliação de viabilidade do negócio e acompanhamento dos pagamentos, além de análise de funcionamento do conjunto do sistema, que o torna uma referência internacional. O software desenvolvido pelo Viva Cred foi disponibilizado em escala nacional através de uma parceria com o Sebrae.

O objetivo do Viva Cred é oferecer crédito para empresários e profissionais normalmente excluídos do mercado financeiro formal. Diferentemente das linhas de créditos de bancos, que exigem uma série de pré-requisitos e garantias para se formalizar o financiamento, o critério do Viva Cred para a concessão é a viabilidade do negócio e a disposição de pagamento do cliente, que não precisa apresentar garantias reais. Com isso, já foram liberados 11.634 créditos.

Para dar o pontapé inicial na criação do serviço, o Viva Rio contou com a parceria do banco comercial Fininvest, especializado em pequenos financiamentos. Além de manter um convênio que estabelecia a abertura de uma linha de crédito aos clientes do Viva Cred, o banco ainda destinou R$ 100.000,00 para que o Viva Cred pudesse começar a atuar, o que, junto com apoio do Banco Nacional de Desenvolvimento Social e Econômico (BNDES) e o Banco Interamericano de Desenvolvimento (BID), viabilizou o projeto. Em 2001, o Fininvest realizou um contrato de R$ 600.000,00 com o Viva Rio, ao qual deu total liberdade para oferecer crédito aos pequenos empresários da cidade do Rio de Janeiro. Hoje, o projeto do Viva Cred é autofinanciado e os níveis de inadimplência são baixíssimos.

A primeira agência do Viva Cred foi lançada na Rocinha, em 1997. A segunda, inaugurada no ano seguinte, beneficiou os moradores da comunidade de Rio das Pedras, em Jacarepaguá, Zona Oeste do Rio. Em 2000, o Viva Rio assinou um convênio de cooperação com o Sebrae/RJ (Serviço Brasileiro de Apoio às Micro e Pequenas Empresas do Estado do Rio de Janeiro), ao qual se dirigem muitos microempresários. Em 2003, já se contabilizavam quatro agências que atendem comunidades de, em média, 10 bairros da região. Em média, 50 pessoas passam pelos espaços do Viva Cred a cada dia. Os empréstimos variam de 500 a 10 mil reais, e a taxa de juros é de 2,9% ao mês, com uma taxa de administração de 1,5% ao mês.

CAT

No portal Viva Favela, o link para "empregos" é um dos mais acessados. As oportunidades, sempre atualizadas, ganham destaque juntamente com as matérias e artigos sobre o mercado de trabalho. Para combater o desemprego, o Viva Rio formou uma parceria com a CAT (Central de Apoio ao Trabalhador), uma iniciativa da SDS (Social Democracia Sindical), em conjunto com o Ministério do Trabalho e Emprego. Intermediária entre o trabalhador necessitado de emprego e o empregador que demanda por mão-de-obra, a CAT orienta o trabalhador em todas as etapas para ele conseguir e manter um emprego. Lançado em 1999, a Central cadastra trabalhadores e empresas de pequeno e grande porte de todo o estado do Rio de Janeiro e, além de oferecer oportunidades de emprego e banco de dados de trabalhadores nas mais diversas áreas, também fornece orientação sobre como abrir um negócio próprio.

Na sede da CAT, no bairro de São Cristóvão, no Rio, a grande procura para o cadastramento provoca a formação de longas filas desde a madrugada. Para contornar esta situação, reduzir o gasto com transporte e oferecer uma melhor qualidade de serviço, a CAT associou-se ao Viva Rio para expandir seus pontos de atuação. A idéia é oferecer a Internet ao trabalhador como recurso para o cadastramento e informações a respeito das vagas e chamados para emprego, sem a necessidade de o trabalhador se deslocar até a sede do órgão.

Hoje, os trabalhadores próximos a uma Estação Futuro não precisam mais sair de seu bairro para acessar a CAT. O cadastramento pode ser feito pela Internet a partir de qualquer uma das dez Estações Futuro, sem custo. No cadastro, o trabalhador registra seus dados pessoais, o nível de escolaridade e qualificação específica, experiência profissional e pretensões a cargo e salários. A cada semana, agentes da CAT percorrem as estações e recolhem os novos currículos deixados pelos trabalhadores que preferem preencher os formulários manualmente. A partir daí, o trabalhador pode acessar o site da CAT na Estação Futuro e manter-se informado a respeito das vagas oferecidas e possíveis chamados de emprego.

A CAT também presta orientação sobre seguro-desemprego. Através do site, o desempregado tem acesso a todas as medidas e à documentação necessária para ativar o benefício. A parceria com a CAT é a responsável por um grande número de acessos das estações – na média, são enviados 150 currículos por mês por estação. Na maioria dos casos, as pessoas procuram a Estação Futuro para fazer o primeiro cadastro e, em seguida, passam a acessar a Internet em busca de novidades na área de trabalho. Com apenas um real – valor inferior ao preço de uma passagem de ida de ônibus até a sede da CAT – o trabalhador pode acessar não só a página do órgão como também de outras agências de emprego.

O cadastramento via Internet ampliou a área de atuação da CAT, beneficiando não só as pessoas necessitadas de emprego como os empregadores, que podem acessar o site em busca de novos profissionais para o quadro da empresa. Desenvolvida de maneira simples para que o trabalhador possa navegar com facilidade, a página da CAT ainda conta com boletins e artigos com notícias de mercados e oportunidades de qualificação profissional, informações básicas para o trabalhador sobre carteira de trabalho, chances profissionais para deficientes, estágios, processos de seleção, aposentadoria e outros benefícios, FGTS e seguro desemprego.

Fair Trade

O Fair Trade – comércio justo, solidário – ainda é pouco conhecido no Brasil. Criado e desenvolvido nos países do Hemisfério Norte, o sistema propõe uma política de valorização dos produtos importados dos países em desenvolvimento. O objetivo é que os produtos vendidos sob o selo de Fair Trade tenham sido produzidos por trabalhadores remunerados justamente, e que parte do lucro seja revertido para a melhoria das condições de vida da comunidade. A experiência internacional se concentra em produtos alimentícios e artesanais. O Viva Rio procurou levar o conceito de Fair Trade a produtos urbanos, no caso da área têxtil, pela formação e desenvolvimento de cooperativas, empresas familiares e associações de produtores. Os primeiros beneficiados foram pequenas empresas de confecção de roupas e costureiras autônomas.

Com boa tradição na área têxtil, a cidade do Rio de Janeiro mantém inúmeros trabalhadores no ramo. O Viva Rio começou um processo de cadastramento de costureiras já com experiência de trabalho para a criação de cooperativas. Após o cadastramento, o Viva Rio analisa caso a caso o processo de trabalho das profissionais e investe em equipamentos – através do Viva Cred – e capacitação. Faz ainda a ligação entre as costureiras e as empresas. Atualmente, o Fair Trade do Viva Rio vem produzindo cerca de 150 mil peças por mês para empresas de grande e pequeno porte. O Projeto paga às costureiras aproximadamente o dobro do que, em geral, recebem.

O principal problema que deve enfrentar o movimento do Fair Trade, no Brasil e na esfera internacional, é o escoamento da produção. Parte do problema se encontra na delimitação do mercado atual a produtos alimentícios e artesanatos regionais, embora os mercados para estes últimos já tenham atingido, em nível mundial, a quase saturação. A renovação do Fair Trade deverá passar por uma expansão para novos produtos semi-industriais e por uma maior profissionalização. Além de produtos "politicamente corretos", eles deverão ter apelos de marketing, impondo-se, inclusive, por uma estética que acompanhe as modas. Nesta direção tem se dirigido a produção do Viva Rio, que tem sempre procurado criar produtos de boa qualidade e que acompanhem o gosto do público consumidor. Embora o mercado internacional continue sendo um alvo do projeto, possivelmente será no Brasil onde se encontrará o principal mercado consumidor, à medida que se crie uma cultura de consumo de produtos associados a marcas sociais e se desenvolvam cadeias de lojas especializadas. O Viva Rio abriu várias lojas em shopping centers e aeroportos, e o projeto atual é de expandir estas lojas para a venda de produtos de Fair Trade de outras regiões do Brasil.

O Viva Rio é membro da Secretaria Latino-Americana do IFAT (International Federation of Fair Trade Association) e está desenvolvendo um projeto em parceria com o Sebrae para criar um site nacional de apoio online aos produtores interessados em participar do Fair Trade e de um catálogo de produtos brasileiros nesta área que atinja tanto o mercado nacional como internacional.

B2B

O Business to Business (B2B) avançou rapidamente no Brasil, mas seus efeitos não alcançam as populações carentes. Nas favelas, o custo de vida é mais alto que no asfalto, o mesmo produto é mais caro para a população urbana pobre que no supermercado em que compra a classe média. Por quê? Porque o pequeno comércio da favela não tem acesso aos grandes atacadistas, pois a logística de acesso é complicada, as compras são pequenas, os negócios não possuem crédito e boa parte dos estabelecimentos geralmente não está legalizada, o que não permite a emissão de notas fiscais.

O Viva Rio iniciou o projeto B2B negociando com uma grande empresa de comércio eletrônico. A idéia inicial era fazer as compras via leilão eletrônico, mas o investimento inicial no desenvolvimento do software se mostrou inadequado. O caminho passou a ser uma negociação direta com grandes atacadistas, em relação aos quais o Viva Rio funcionaria como agregador da demanda e avalista da compra. O Viva Cred, por sua vez, atuaria junto aos comerciantes, através de um crédito rotativo proporcional ao potencial de cada empresa. Os pedidos seriam consolidados através da Internet e transmitidos ao atacadista. Dessa forma, os negócios seriam feitos sem atravessadores. Inicialmente o Viva Rio fechou uma parceria com uma empresa de vendas a atacado e varejo, que disponibilizou cerca de 3 mil itens para serem comercializados.

Com base em uma primeira pesquisa, constatou-se que o potencial agregado de compra dos comerciantes cadastrados era grande e a aceitação do projeto altamente positiva, com 90% dos donos de estabelecimentos interessados em participar da comunidade de compra. A credibilidade do Viva Cred junto aos comerciantes facilitou a aceitação do comércio solidário.

O B2B funciona na base de agentes comunitários destacados para cadastrar a demanda dos lojistas das favelas, com a ajuda de um palmtop e com um programa desenvolvido especialmente para o projeto. Após serem capacitados pelo Viva Rio, os agentes, moradores nas próprias comunidades em que viriam a atuar, percorriam os estabelecimentos comerciais em busca de novos clientes.

Em um primeiro momento foram cadastrados 430 clientes, com uma média de 5 pedidos diários em cada comunidade. As bebidas alcoólicas estavam na lista dos produtos mais pedidos – cerca de 50% – além de mantimentos, como manteiga, açúcar e biscoitos diversos. Os pedidos recolhidos pelos agentes eram cadastrados no palmtop e enviados para a Estação Futuro. Lá, eram processados e redirecionados pelo gerente para as empresas fornecedoras, que enviavam os produtos no prazo de até 24 horas.

Depois de funcionar durante um ano, o projeto sofreu uma interrupção em virtude de problemas com emissão de nota fiscal, o que nem sempre é possível, dada a situação não legalizada de boa parte dos comerciantes. A solução passa por uma negociação com a Secretaria de Fazenda do Estado, que deverá emitir uma autorização especial. Apesar destas dificuldades, em sua curta experiência, o B2B representa um dos projetos mais criativos do Viva Rio no uso da Internet e de suas possibilidades para melhorar a qualidade de vida da população urbana de bairros pobres.

O Primeiro Negócio a Gente Nunca Esquece

Um dos projetos mais recentes do Viva Rio é o "Primeiro Negócio a Gente Nunca Esquece", lançado em agosto de 2002. Voltado inicialmente para comerciantes e empreendedores das comunidades da Rocinha e de áreas próximas, o programa oferece cursos de capacitação empresarial e administrativa e empréstimo, através do microcrédito, para que o pequeno comerciante desenvolva seu próprio negócio.

Criado pelo Viva Rio em parceria com o Iser e o Viva Cred, e financiado pela Comunidade Européia, o curso, com duração de uma semana com três horas-aula por dia, formará pessoas interessadas em adquirir conhecimento sobre leis para legalização de microempresas, elaboração de plano de negócios, sobre como criá-los ou mantê-los, como identificar a potencialidade de um projeto, como avaliar riscos. Os participantes também terão aulas de marketing e de pesquisa de mercado.

As aulas do curso "O Primeiro Negócio a Gente Nunca Esquece" começarão a ser ministradas no Centro Profissionalizante da Rocinha, administradas pela ONG Campo. Ao todo, serão dez centros profissionalizantes, com o objetivo de formar, até o final de 2003, pelo menos mil novos empreendedores. O Viva Rio vem aproveitando, nos cursos, empreendedores locais para formar novos instrutores. Dessa forma, os alunos contarão com a experiência de pessoas próximas, da própria comunidade, com uma vivência semelhante à sua. Para criar o curso, o Viva Rio utilizou como fonte de pesquisa um trabalho realizado quatro anos antes na comunidade da Rocinha em parceria com a Universidade Federal Fluminense (UFF).

Até abril de 2003, 100 pessoas participaram do curso, e desse total, 60 microempresários já receberam créditos para dar início a seus negócios que, de acordo com o Viva Cred, estão bem-sucedidos. Os pedidos de planos de negócios, em sua maioria, ainda são para bares, biroscas e lanchonetes, mas é grande a procura por franquias em diversas áreas, como de salão de beleza, creche, armarinho, videolocadora, loja de bijuterias folheadas a ouro, petshops, lavagem a seco e, inclusive, um projeto de cibercafé inspirado na própria Estação Futuro da Rocinha.

O empréstimo concedido ao comerciante varia de R$ 500 a R$ 5 mil reais e é liberado em até 48 horas após o pedido. No caso de "O Primeiro Negócio a Gente Nunca Esquece", o Viva Cred trabalha com uma linha de financiamento especial: taxa de juros menor que a cobrada pelo Viva Cred. Até agora, o projeto não teve problemas com os comerciantes. A taxa de inadimplência até o momento é zero.

Para desenvolver seu negócio, o comerciante conta com o acompanhamento técnico de três profissionais da área de Economia e de História da Universidade Federal Fluminense (UFF). O microempresário tem o apoio especializado da equipe durante 12 meses, após a abertura do estabelecimento. Apesar de montado na Rocinha, qualquer pessoa pode se matricular no curso e pedir crédito para abertura de negócio.

Muitos comerciantes se inscrevem nos cursos apenas para adquirir conhecimento e melhorar seu negócio, sem a intenção de pedir crédito. Para facilitar o acesso ao curso, o Viva Rio passará a dar aulas também nas Estações Futuro. Como forma de dinamizar o conteúdo das aulas, a ONG também está desenvolvendo um CD-Rom para ser utilizado nas Estações. Os alunos também poderão adquirir o material nas lojas do Viva Cred após completarem o curso.

Jardineiros do Bairro e projetos ecológicos

O meio ambiente é um problema central que afeta a qualidade de vida dos habitantes das favelas. Criado em 1997, o programa Jardineiros do Bairro foi desenvolvido para capacitar jovens em jardinagem e em educação ambiental. Os jovens recebem treinamento profissionalizante e passam a atuar em jardins públicos e particulares e também em escolas. Em 2003, no curso de formação na área de informática para um primeiro grupo de 16 jovens, os alunos aprenderam os recursos do Windows, Word e Internet e foram orientados para fazerem pesquisas na área de paisagismo, aumentando assim seu conhecimento na área ambiental.

Durante um mês os jovens participam de oficinas sobre a questão ambiental e, ao final do curso, recebem o diploma de "Jardineiro do Bairro". Desde a sua criação, o Jardineiros do Bairro já formou 130 jovens. O projeto, que conta com apoio da Fundação Parques e Jardins, do Programa de Capacitação Solidária, da Comlurb (Companhia Nacional de Limpeza Urbana), da British Petroleum e da Rede Globo, entre outros, já atua em parques e praças dos bairros de Botafogo, Saúde e Leblon.

Os jovens do Jardineiros do Bairro também podem colaborar em outros projetos do Viva Rio. No final de 2002, por conta da epidemia de dengue na cidade, 200 jovens do projeto receberam treinamento e tornaram-se agentes de saúde orientando suas próprias comunidades sobre os perigos da doença e sobre os métodos de combate ao mosquito transmissor.

O Oeste Verde, outro projeto da ONG, colabora na recuperação do meio ambiente na Zona Oeste do Rio com a plantação de mudas de espécies nativas da Mata Atlântica e na difusão da consciência ambiental entre os moradores da comunidade local. Um dos programas que merecem destaque é o "Piscinão" de Ramos, uma praia artificial formada por água bombeada e tratada da Baía de Guanabara. Inicialmente administrado pelo estado, o projeto foi transferido por prazo determinado para o Viva Rio, que capacitou os 38 jovens do projeto Jardineiros do Bairro para atuarem na limpeza e conservação do espaço. O projeto prevê sua ampliação para tornar-se um Parque Ambiental, e deverá ganhar espaços destinados a serviços de ação social com programas de coleta seletiva de lixo para a comunidade local e para a colônia de pescadores do bairro. Para estimular a pescaria local, também será implantado um sistema de recifes artificiais.

Serviço Civil Voluntário

De acordo com o IBGE, do total de jovens de sexo masculino, somente 10% são efetivamente convocados para o serviço militar obrigatório. Como forma de orientar os milhões de jovens que não são aproveitados pelo Serviço Militar, o Viva Rio propôs ao Ministério da Justiça a criação do Serviço Civil Voluntário (SCV) como uma alternativa de formação aos jovens de comunidades de baixa renda que chegam aos 18 anos sem conseguir completar o ensino fundamental. O programa atende jovens que geralmente não completaram o ensino fundamental, não têm emprego e vivem em situação de pobreza. Um dos objetivos do projeto é estimulá-los a completar o ensino médio e ingressar na universidade, além de desenvolver noções de cidadania e participação. Com financiamento do Fundo de Amparo ao Trabalhador (FAT) e apoio de cerca de 150 ONGs de todo o Brasil, atendeu no ano de 2000 mais de 13 mil jovens. No ano seguinte, esse número dobrou, e a meta é atender, a cada ano, 50 mil jovens.

No Rio de Janeiro, o programa é coordenado pelo Viva Rio, que capacita jovens de todo o estado para desenvolver serviços comunitários em sua própria comunidade. Até 2002, 12.165 jovens provenientes de 31 municípios do estado foram beneficiados com o programa. São oferecidos cursos de educação para a cidadania e de qualificação profissional, cursos de informática e de ações comunitárias, direitos humanos e de como gerenciar pequenos negócios. Em 2002, oito mil jovens de 15 municípios foram beneficiados com o programa. O Serviço não é obrigatório, mas os jovens procuram o programa por conta própria e, uma vez matriculados, recebem 682 horas de aulas no período de seis meses.

Para uma melhor compreensão da realidade desses jovens, o Viva Rio vem realizando pesquisas entre os alunos inscritos no Serviço Civil Voluntário. A idéia é traçar um perfil desse público a partir de seus valores e de suas experiências. A pesquisa mais recente, de 2002, realizada com 414 jovens dessas comunidades, mostrou que eles têm entre 17 e 21 anos e que mais de 71% se classificam como negros ou pardos; 44% não completaram o ensino médio e os que se mantêm na escola – cerca de 75% – ainda não concluíram o ensino fundamental. A renda familiar é baixa – 66% possuem rendimento mensal inferior a 3 salários mínimos – e apesar da procura por trabalho, apenas 17,5% exercem alguma atividade remunerada.

Na rotina das favelas, esses jovens convivem, diariamente, com a questão da violência: 57% já foram vítimas de revista policial e 43% foram humilhados por representantes de autoridades legais e 39% já sofreram agressão. A maioria dos jovens considera importante o valor de se informar sobre seus direitos e do exercício da cidadania, 65% deles acreditam que os direitos humanos deveriam ser prioridade do governo e 86% acham que o cidadão que conhece seus direitos pode ser mais respeitado.

Os jovens formados pelo Viva Rio no Serviço Civil Voluntário são chamados de "Zeladores Comunitários da Cidadania". A partir de sua formação, são considerados candidatos a participar de projetos sociais e de preservação do meio ambiente desenvolvidos em suas próprias comunidades. Muitos deles fazem cursos para cuidar de espaços e de bens públicos e para atuar em campanhas e pesquisas feitas pelo Iser. Os Zeladores também atuam como auxiliares dos profissionais da Defesa Civil, da Polícia Militar e da Guarda Municipal. A Defesa Civil, por exemplo, capacita esses jovens para que possam atuar como assistentes de salva-vidas nos postos da orla marítima da cidade. Outros jovens são treinados para orientar a população a combater o mosquito da dengue. São diversos os projetos que empregam os Zeladores Comunitários e, uma vez atuando em alguma dessas organizações, o jovem passa a receber uma bolsa-auxílio no valor de cem reais.

O projeto ganhou, ao longo dos anos, projeção nacional, e no Rio de Janeiro foi expandido para beneficiar também jovens presidiários. Através de uma parceria com a Fundação Santa Cabrine, o Viva Rio passou a atuar no Instituto Penal Vicente Piragibe – que faz parte do Complexo Penitenciário de Bangu. Lá atende cerca de 1.400 detentos entre 18 e 30 anos com penas que variam entre 1 e 8 anos.

Quadro M – Negócios na favela

O jovem Victor Hugo, morador da favela da Maré, viu no B2B a possibilidade de uma chance profissional. Contratado pelo Viva Rio como agente comercial de desenvolvimento do projeto, Victor nunca imaginou que poderia trabalhar fazendo negócio em sua própria comunidade. "O comércio aqui só não é maior por causa da dificuldade de compra por parte dos lojistas", conta. Munido de um palmtop, o agente percorre as ruas da favela divulgando o B2B entre os estabelecimentos comerciais. "Como sou conhecido da comunidade, não tive problema em ser recebido. Os comerciantes querem fazer negócio, só falta os grandes magazines apostarem nesse mercado, que é do bom", garante.

Emprego à distância

Desempregado, o cearense técnico em edificações Demontier Pinheiro, de 24 anos, não freqüenta mais filas de emprego. Duas a três vezes na semana ele vai até a Estação Futuro mais próxima de sua casa e acessa a CAT (Central de Amparo ao Trabalhador). Através da Internet, ele cadastra seu currículo e marca entrevistas. Com o segundo grau completo, Demontier sonha cursar uma faculdade de engenharia civil. "Quando arrumar um emprego vou aproveitar para fazer um cursinho pré-vestibular. Enquanto não chega a hora vou pesquisando os melhores cursos de engenharia na Internet", conta.

Marketing direto

Com a experiência adquirida após trabalhar em sites e cibercafés, o analista de sistemas Carlos Ramos, 34 anos, decidiu abrir seu próprio negócio na Rocinha: um cibercafé com jogos voltados para o público adolescente. O empresário procurou diversos bancos e desistiu do crédito após conferir as taxas de mais de 6% de juros ao mês. Acabou recorrendo ao Viva Cred: pediu um empréstimo de 2 mil reais, participou do projeto "O Primeiro Negócio a Gente Nunca Esquece". Fez o curso de uma semana e tirou suas dúvidas em relação ao negócio. "Aprendi a fazer parcerias e a investir em diferentes formas de divulgar o meu serviço. Criei faixas, anunciei em carro de som e distribui camisetas com a logomarca do meu cyber", diz Carlos, que vai pagar o empréstimo em 12 prestações.

Pet shop na favela

Kátia Gonçalves, de 31 anos, participou do projeto "O Primeiro

Negócio a Gente Nunca Esquece" após pedir um empréstimo de 1.500 reais ao Viva Cred. "Queria abrir um petshop porque aqui na favela não há serviço para os gatos e cachorros da comunidade", explica Kátia. No curso ela aprendeu, entre outros, a fazer pesquisa de preços. "Meus preços são os melhores da região e para os moradores é mais prático e mais barato trazer o animal na minha loja do que ir lá no asfalto."

XII

e-cidadania

Balcão de Direitos

Com pouco ou quase nenhum acesso à proteção policial e à justiça, por desconhecimento e por falta de acesso a advogados, e sem uma cultura de negociação e mediação de conflitos, as populações das comunidades carentes se sentem desamparadas e descrentes em relação ao sistema legal. No final de 1996, um grupo de 25 lideranças comunitárias, parceiras em diferentes projetos do Viva Rio, reivindicou um espaço voltado para o fortalecimento de seus direitos-cidadãos.

Foi o ponto de partida para a criação do Balcão de Direitos, projeto financiado inicialmente pela Secretaria de Estado dos Direitos Humanos, pelo Ministério da Justiça e pelo Plano das Nações Unidas para o Desenvolvimento (PNUD). No começo, implantado em espaços cedidos pelas próprias comunidades da Rocinha, do Chapéu Mangueira e Babilônia, do Morro Santa Marta, da Maré e de Rio das Flores, o Balcão de Direitos se colocou como missão "Promover a democratização de direitos, a partir da difusão da informação e da produção de alternativas mais justas para a resolução de conflitos, visando o exercício pleno da cidadania, contribuindo assim para uma sociedade solidária e plural".

Três anos após sua criação, com o apoio da Comissão Européia e da Fundação Ford e parcerias com o INSS, com a Vara de Execuções Penais (VEP) e com o Instituto de Psiquiatria da Universidade Federal do Rio de Janeiro, o projeto já estava estabelecido em mais de cinco comunidades, oferecendo orientação legal sobre direitos e deveres, assistência jurídica, encaminhamento dos processos para órgãos e entidades competentes, serviço de obtenção de documentos de identificação profissional e, de forma crescente, atuando na área de mediação de conflitos sem ter de passar por instituições legais. O Balcão de Direitos do Viva Rio se transformou em referência nacional para experiências similares que têm crescido em todos os estados brasileiros. No ano passado, o Ministério da Justiça assumiu o encargo de avaliar os Balcões de Direitos em nível nacional e desenvolver o site que deverá integrar as experiências de todos os balcões de direitos e estruturas similares desenvolvidas no Brasil nos últimos anos.

• Agentes de Cidadania & Agentes de Direito

Cada núcleo do Balcão de Direitos conta com um Agente de Cidadania. Para ser um Agente de Cidadania é preciso ter liderança e ser conhecido e respeitado em sua própria comunidade. Responsáveis pela ponte entre o Balcão e os moradores, a maioria dos agentes atua no Balcão de Direitos desde a sua criação. Recebendo cursos permanente de formação – eles fazem diferentes cursos a cada mês –, os agentes não trabalham apenas na área jurídica, eles são treinados para orientar, mediar conflitos e encaminhar os moradores para os programas específicos do Viva Rio.

O Balcão de Direitos também oferece cursos de capacitação para agentes de Direito. Qualquer pessoa da comunidade pode participar do curso que dura 4 meses. São 12 temas que abordam questões de direitos humanos, fundamentos jurídicos e de mediação de conflitos. Desde março de 2001 já foram formados 70 alunos de quatro turmas das comunidades do Morro Santa Marta, Morro da Formiga, Chapéu Mangueira e Babilônia. No primeiro semestre de 2003, foram formados alunos de Ramos e do Cantagalo e Pavão-Pavãozinho. O Viva Rio também organiza cursos sobre "Direito, Cidadania e Mediação de Conflitos", com grupos de líderes comunitários de diferentes comunidades em sua sede. Nos últimos meses foram realizados seis cursos para turmas, cada uma formada por 15 líderes comunitários.

• Cidadania

O Balcão de Direitos se propõe a oferecer não só assessoria jurídica, mas a desenvolver a capacidade dos habitantes das comunidades de encontrar soluções para seus problemas através da prática de conciliação e de resolução de conflitos ligados aos problemas do dia-a-dia, sem ter de recorrer à justiça. Os núcleos de atendimento desses espaços são formados por um advogado, estagiários (estudantes de Direito, remunerados ou voluntários) e agentes de cidadania – moradores locais que fazem a intermediação entre a comunidade e os profissionais.

O Balcão de Direitos e o Viva Rio passaram a investir na formação de quadros e numa equipe de informação e pesquisa, responsável pela criação e desenvolvimento de seminários, cursos, publicações e material institucional. Todo esse material é utilizado na divulgação junto às comunidades, aos meios de comunicação e às redes institucionais. É o caso do manual de direitos humanos, produzido pela Equipe de Formação para os Projetos Zeladores da Cidadania e Serviço Civil Voluntário. O Balcão de Direitos também utiliza cartilhas como opção de informação. Com uma linguagem fácil, divertida e acessível, os livretos intitulados *Lute Pelos Seus Direitos* são preparados em série de oito volumes.

Desde a sua implantação, os balcões atenderam mais de cinqüenta mil casos. Desses, 41% das assessorias eram de pedidos de cálculos trabalhistas, 23% de orientação legal, 11% de conciliação de disputas, 10% de acompanhamento de casos, 4% de ação judicial. Os maiores clientes são as mulheres (69%) e indivíduos acima de 36 anos (56%). Das pessoas atendidas, 46% têm faixa salarial entre 1 e 2 salários mínimos e outros 46% recebem entre 3 e 4 salários por mês. A formação escolar é muito baixa: 50% deles têm apenas o ensino fundamental incompleto. Solteiros em sua maioria (48%), têm casa própria (74%) e 35% são desempregados. Dos demais, 9% trabalham no lar, 15% trabalham por conta própria e 31% estão, de fato, empregados. Dos encaminhamentos, 32% foram de Defesa Pública, 17% de Serviços Públicos, 15% de Cartórios, 10% do próprio Balcão, 8% de INSS, 6% de Juizados Especiais, 5% de Escritórios Modelos.

O Balcão de Direitos também está expandindo sua atuação na Internet. Através de seu site é possível tirar dúvidas e se informar sobre como obter documentos de identidade (carteira de trabalho, de motorista, de identidade), fórmulas de cálculo de aposentadorias e benefícios trabalhistas, além das mais diversas áreas de direito, como, por exemplo, os direitos do consumidor, da criança e do adolescente e dos deficientes físicos. Com uma didática acessível simples e direta, a página trata de questões como o preconceito racial – comum entre as populações de baixa renda – e dá dicas e conselhos de como agir. O objetivo para 2003 é realizar 50 atendimentos por mês on-line.

www.desarme.org

Além de suas raízes sociais e os conflitos em torno do comércio da droga, a violência nas favelas não pode ser dissociada de um fator que, até certo ponto, tem uma lógica própria: a facilidade de circulação e disponibilidade dos mais diversos tipos de armas. Criado por ocasião dos altos índices de violência urbana no Rio de Janeiro, o Viva Rio, desde a sua concepção, dedica parte central de seus esforços na luta pelo desarmamento. São 10 anos de campanhas pela paz e de projetos que visam diminuir a criminalidade e a violência armada, principalmente a associada aos jovens das comunidades de baixa renda – maiores vítimas da violência.

As campanhas do Viva Rio pelo desarme não visam somente o narcotráfico que recruta crianças e adolescentes para trabalharem na venda ilícita de drogas – e com isso aproximam esses jovens da violência armada –, mas também o cidadão que é vítima de sua própria arma. Para conscientizar a população dos perigos de se manter uma arma em casa, as campanhas do Viva Rio estimulam uma cultura de paz, incentivando as pessoas a se desfazerem de suas armas, inclusive convocando as pessoas mais próximas – como as esposas e os filhos – a se mobilizarem pelo desarmamento. Assim, o Viva Rio vem organizando campanhas nacionais como, por exemplo, a campanha do "Arma, Não! Ou Ela ou Eu", que tinha como público-alvo as mulheres. Com comerciais protagonizados por atrizes de sucesso da TV brasileira, a campanha apelava para as esposas na tentativa de reduzir o número de armas de fogo nos lares de família. Outra campanha, essa permanente e com o apoio das igrejas, promove programas de entrega voluntária de armas.

Na maioria das vezes, as campanhas são localizadas, com intuito de atingir o jovem das comunidades de baixa renda. Assim, são realizados shows e atividades populares dentro das favelas. Moradores, vítimas e parentes de vítimas de armas de fogo participam na divulgação das campanhas. Uma das campanhas mais fortes foi a da criação do Mural da Dor, um enorme painel montado com fotos, cartas, poemas e protestos em homenagem às vítimas da violência. Em 2001, o Viva Rio colaborou com o governo do estado na organização da destruição pública de 100.000 armas – a maior destruição simultânea de armas da história.

O site desarme.org ocupa um lugar cada vez mais central como núcleo de informação e inteligência das atividades do Viva Rio na luta pelo desarme. Criado em 2001 e constituído por um grupo de cinco pesquisadores, disponibiliza em português e em espanhol um completo banco de dados com informações sobre todos os temas da atualidade, relacionados ao comércio e tráfico de armas de pequeno porte, incluindo a lista de armas apreendida pela polícia carioca. A idéia é facilitar as investigações de órgãos nacionais e internacionais para o rastreamento das armas apreendidas, com pesquisas e análises sobre as rotas do tráfico de armas, origem, uso, proliferação e impacto na sociedade. O rastreamento de armas é uma atividade para a qual a maioria das polícias na América Latina não se encontram capacitadas, e na qual, muitas vezes, policiais se encontram envolvidos.

O site tem recebido uma média de 7.000 visitas por mês: aproximadamente 20% de internautas do Brasil e o restante dos mais diversos países da

América Latina, Estados Unidos e Europa. O Viva Rio se esforça para divulgar o site nas comunidades de baixa renda mostrando aos jovens os efeitos do uso de armas de fogo usadas pelo narcotráfico.

A relevância do desarme.org emergiu a público a partir do ano de 2001, quando intermediou uma carta do então secretário de Estado de Segurança Pública do Rio de Janeiro ao secretário de Inteligência de Estado da República Argentina. No documento, um pedido de ajuda ao governo argentino para que colaborasse no rastreamento da venda de 20 granadas de fabricação argentina encontradas pela polícia nas favelas cariocas. A relação também citava armas de fogo apreendidas entre os anos de 1989 e 2000 – todas fabricadas no país vizinho. Em 2001, o tema voltou à tona durante a Conferência das Nações Unidas sobre o Tráfico Ilícito de Armas de Fogo.

Na luta contra a violência armada, a equipe de investigação do desarme. org elaborou uma lista relacionando 225 mil armas apreendidas entre 1950 e 2001 e apresentou-a ao representante do Consulado Argentino durante uma cerimônia pública organizada pelo Viva Rio e pelo governo do estado, com a presença de representantes de 14 governos. Mais uma vez foi pedida uma cooperação do governo argentino no rastreamento da rota pela qual passam essas armas antes de chegarem, de forma ilegal, ao Brasil, e com destino certo para o crime organizado no Rio.

Os esforços do Viva Rio começaram a dar certo quando uma ONG argentina, "Fundación Espacios", intermediou um encontro entre representantes do Viva Rio com uma representante do governo argentino, membro da Comissão de Defesa do Senado e criadora de um projeto de denúncias sobre o tráfico de armas argentinas do tipo militar que têm como destino o Rio de Janeiro. O projeto chegou ao Poder Executivo do país e uma comissão foi designada para investigar as denúncias. Enquanto isso, os jornais de grande porte começavam a publicar as listas de armas – anunciadas pelo Viva Rio – envolvidas no esquema de tráfico entre os dois países.

Em 2002, foi concebido um programa pelo desarmamento, orientado para fortalecer a capacidade das ONGs e grupos comunitários de todos os países da América Latina e do Caribe, coordenado pelo Viva Rio, cujo objetivo central era capacitar e formar uma rede de intercâmbio para combater o tráfico ilícito de armas de fogo e controlar melhor o comércio legal. O programa trabalha com três metas básicas: treinar as ONGs na elaboração e divulgação de campanhas e pesquisas, incentivar os centros de pesquisa dos países citados no desenvolvimento de trabalhos a respeito das conseqüências da disseminação das armas de fogo e criar uma rede de Internet para intercambiar experiências e informações. O projeto é apoiado pelas Nações Unidas, UM-Lirec, Swefor, Save the Children, Small Arms Survey e a Fundação Arias para la Paz y el Progreso Humano.

Um outro projeto, em fase de finalização, é um manual a ser distribuído entre as polícias da América Latina, que permite identificar o tipo e origem das armas apreendidas, de forma a possibilitar a criação de um banco de dados sobre a circulação de armas no continente.

Uma das questões centrais postas pelas pesquisas do Viva Rio sobre circulação de armas é que boa parte delas é produzida no Brasil e vendida para países vizinhos, que, por sua vez, as reintroduzem, de forma ilegal, novamente no Brasil. Os enormes interesses econômicos associados à indústria de armas têm bloqueado no Congresso Nacional os esforços realizados pelo Viva Rio, com o apoio do Governo Federal, para que o Brasil apóie uma política internacional de transparência e controle na comercialização de armas leves e pequenas.

Para aprofundar o conhecimento das novas formas de violência infanto-juvenil e definir políticas de intervenção social, o Viva Rio está coordenando uma pesquisa em dez países da América Latina, África e Europa, que procura compreender os mecanismos que levam crianças e adolescentes a participar de grupos armados associados a atividades ilegais. Como resultado do projeto, será constituída uma rede de instituições, conectadas pela Internet, que intercambiarão informação, realizarão um monitoramento permanente e proporão às instituições nacionais e internacionais formas de intervenção para diminuir o impacto de um fenômeno que se transformou na principal causa de morte de adolescentes masculinos nos bairros pobres.

Cursos para policiais

Em 2002, o governo do estado criou o Programa de Qualificação Continuada da Polícia Militar e, como parte desse programa, foi criado, numa parceria do Viva Rio com o Instituto de Segurança Pública (ISP/RJ), o Curso de Aprimoramento da Prática Policial Cidadã. Um dos objetivos centrais do curso é aprimorar a prática de policiamento ostensivo e as formas de relacionamento entre polícia e sociedade. Assim, no programa, os policiais são estimulados a identificar seu papel na comunidade e a trocar as tradicionais práticas de contato violento por alternativas preventivas. O curso está centrado na formação para rotinas de patrulhamento. É em torno dos problemas práticos que são discutidas as questões levantadas no curso e são introduzidos conceitos de direitos de cidadania, ética e relações comunitárias com apoio de 20 cartilhas didáticas e 14 programas de vídeo. As aulas são repassadas a sargentos, cabos e soldados da Polícia Militar pelos próprios policiais, batizados de "sargentos-multiplicadores". Nas aulas, os policiais estudam e discutem casos vividos no dia-a-dia do trabalho policial. O curso foi desenvolvido com base nas práticas e estatísticas de ocorrências policiais. Nele, os alunos discutem os temas pertinentes e realizam trabalhos em grupo, analisando situações e a melhor forma de resolver os conflitos.

O objetivo é aprender a agir de forma preventiva, a mediar e resolver situações de conflitos, a encarar a sua realidade profissional sabendo dos riscos reais e a realizar, de forma bem-sucedida, abordagens em domicílios. Os policiais também são orientados a distinguir os casos que realmente são de competência policial, e discutem como lidar com o medo das comunidades de baixa renda em relação à corporação. As aulas ainda incentivam a discussão sobre as vulnerabilidades do exercício da profissão e as conseqüências do envolvimento com corrupção, suborno e extorsão. Temas polêmicos, como homossexualismo, preconceito racial e violência contra a mulher, também fazem parte do currículo do curso.

O Viva Rio, que freqüentemente troca experiências em encontros internacionais na área de combate à violência, trouxe para o Brasil o modelo de policiamento comunitário adotado em Boston, nos Estados Unidos. O objetivo do policiamento comunitário é de promover a democratização da instituição e intimidar possíveis atos de corrupção por parte dos policiais. Mais seguras, essas populações podem colaborar na prevenção e no combate ao crime organizado. A Secretaria de Segurança Pública do estado, com assessoria do Viva Rio, criou o Gepae, um programa de policiamento comunitário implantado nas favelas do Cantagalo, Pavão-Pavãozinho. Logo no primeiro ano, o programa conseguiu reduzir, nas três favelas, o número de homicídios por armas de fogo. Até o ano 2000, o número de assassinatos era de 10 por semestre. De lá para cá, esse número caiu para zero. Nesse modelo de policiamento, a comunidade participa de forma bastante ativa, seja na escolha das prioridades na segurança pública, seja na fiscalização do trabalho dos policiais em sua região. Ao todo, são 100 policiais capacitados para atuar no morro do Cantagalo e Pavão-Pavãozinho garantindo o policiamento comunitário para os 17 mil moradores.

A partir da constatação de que parte do problema era valorizar a função policial e suas condições de vida, surgiram projetos complementares de políticas públicas e de ações organizadas pelo Viva Rio, que visam à melhoria de condições de vida do policial e de sua família, assim como das condições dos quartéis. Numa parceria entre a Rede Globo de Televisão, Viva Rio, Fecomércio, Firjan e o governo do estado do Rio de Janeiro, o projeto "Geração de Paz" tem por objetivos elevar a auto-estima e a qualidade de vida dos policiais e de suas famílias, através de oportunidades diversas nas áreas de educação, esportes, lazer e cultura. Durante um ano, serão cedidas 2.400 vagas nos cursos profissionalizantes e atividades esportivas oferecidas pelo Senac-Rio para cônjuges, filhos e enteados de policiais civis e militares.

Da mesma forma, o Sesc-Rio oferecerá 12 mil ingressos para espetáculos e peças teatrais.

Na atualidade o Viva Rio é responsável por elaborar o plano de segurança pública de vários municípios do estado do Rio de Janeiro e colabora com o governo federal na elaboração do plano nacional de segurança pública.

Quadro N – Direitos na comunidade

Em defesa da comunidade

O agente de Direito Robson Umbelino nunca pensou que pudesse trabalhar diretamente com advogados. "A gente sempre acha que não tem chance na vida, né?", lamenta Umbelino. Morador da comunidade da Maré, Umbelino é um dos 17 agentes de Direitos do Balcão de Direito da região, inaugurado no final de 2002. Sua função é mediar conflitos e propor acordos e alternativas para os envolvidos. "Nada que uma boa conversa com a cabeça fria não resolva", brinca. Quando não consegue solucionar o caso, Umbelino encaminha os envolvidos para o Balcão. "Lá, eles têm a orientação certa", diz o agente que, para se formar, passou seis meses estudando sobre os direitos do cidadão e as leis vigentes. "Pude conhecer órgãos e profissionais da área e aprendi muito sobre nossos direitos", conta.

Adoção legal

Decidido a adotar legalmente os filhos de sua esposa, Cláudio Napoleão, 40 anos, morador do Cantagalo, procurou o Balcão de Direitos e descobriu que fazer a adoção era mais fácil do que pensava. "A comunidade inteira cria filhos dos outros, mas todos acreditavam no boato de que, por serem pobre, não conseguiriam fazer a adoção", conta Cláudio. Membro da associação de moradores local, Cláudio acabou se tornando um agente de Direito e hoje presta serviço no Balcão de Direitos de sua comunidade. "O que mais a gente atende são problemas de divórcio e de pensão alimentícia", revela. Ele relembra dos primeiros dias de funcionamento do serviço no morro. "As pessoas não acreditavam na Justiça. Achavam que, por ser de graça, não funcionava", diz.

Em busca dos Direitos

"As pessoas no morro não têm idéia de como resolver seus problemas de forma judicial. As coisas acontecem e eles vão levando, levando, até virar uma bola de neve", descreve Gibeon de Brito, presidente da Associação de Moradores e Amigos do Chapéu Mangueira. Para ele, a chegada do Balcão de Direitos na comunidade contribuiu para que as pessoas passassem a lutar pelos seus direitos. "Elas procuravam a associação mas a gente não tem poder de julgar, de interferir. Faltava informação profissional. Os moradores não sabiam a quem pedir orientação. Sem dinheiro, como iriam arrumar um advogado?", questiona Gibeon. "Agora elas vão, tiram dúvidas, pedem conselhos e começam a atuar como cidadãos", orgulha-se Gibeon.

Pelo desarmamento

Jorge João Silva, o Jorginho, presidente da Associação de Moradores do Complexo do Alemão, acompanha cada uma das pesquisas do Desarme em parceria com o Iser, publicadas nos veículos de comunicação. "A gente nem precisa ler os jornais para saber o que acontece nos morros. A gente vive de perto os efeitos do uso das armas de fogo", lamenta Jorginho. Ele participou da campanha "Mãe, Desarme seu Filho", que em 2001 levou ao Complexo do Alemão vários grupos de música. Os músicos se reuniram para pedir paz e alertar para a questão da violência e do grande número de jovens vítimas de arma de fogo. "Trazer os ídolos dessa turma jovem para cá é uma forma de mostrar para eles que há um outro caminho, que há solução. Não é preciso entrar para o mundo do crime", explica Jorginho.

XIII

Inovação social, ONGs, empresas e Estado

Lições do Viva Rio

Como toda experiência social, o Viva Rio apresenta características específicas, não reproduzíveis, ao mesmo tempo em que indica modelos e pistas que poderão, com as devidas adaptações, contribuir para a luta contra a exclusão digital, em particular, e contra a desigualdade social, em geral.

• Scaling up – A principal limitação das ações de boa parte das ONGs é que na maioria dos casos elas se reduzem a ações pontuais, sem dúvida relevantes para as comunidades atendidas, mas com impacto societário reduzido, pois não são replicáveis. Na maioria das vezes, funcionam como projetos-piloto com alta visibilidade, mas que se esgotam em si mesmas e acabam junto com os financiamentos. O mais grave é que em vez de complementar a ação governamental, podem acabar atuando, de fato, como sucedâneos da desresponsabilização do Estado frente às comunidades carentes.

Dada a rigidez e o burocratismo do Estado, as ONGs têm um papel fundamental como laboratórios sociais, fonte de inovação de novas práticas de intervenção social e, eventualmente, como órgãos executores ou de apoio a ações governamentais. Mas a capacidade inovadora das ONGs só tem relevância à medida que as experiências que elas desenvolvem se transformam em políticas públicas, e/ou à medida que conseguem atrair a atenção das empresas para o potencial das comunidades carentes como mercado de consumo e de mão-de-obra. Para que isso aconteça, a lógica da ação das ONGs deve ir além de projetos artesanais, cujos particularismos, lógica de funcionamento, financiamento e gerenciamento, não possibilitam sua replicabilidade, transformando a maioria das ações das ONGs num cemitério de projetos bem-intencionados.

A relevância das ações do Viva Rio é que seus projetos têm um formato definido, com estrutura de gerenciamento e sistema de avaliação que possibilita sua reprodução em maior escala, projetos que podem ser assumidos pelo Estado e transformados em políticas públicas. Nesse sentido, a experiência do Viva Rio indica a necessidade de um esforço de formação dos quadros de ONGs que permitam superar o amadorismo e pensar projetos sociais dentro de quadros organizativos que assegurem que o sucesso não dependa somente da boa vontade e abnegação seus membros, e que se transformem em protótipos potencialmente absorvíveis pelas políticas públicas. Caso contrário, esforços localizados só terão como resultado uma melhoria temporária, ou, no melhor dos casos, a mobilidade social de pequenos grupos atendidos pelos projetos.

A profissionalização das ONGs deverá produzir uma certa tensão no recrutamento de quadros, entre as exigências de um ethos moral, que atrai pessoas dispostas a aceitar salários menores que os oferecidos no mercado, mas nem sempre adequadamente qualificadas, e um ethos profissional, de pessoas altamente qualificadas, mas com expectativas salariais mais altas. Trata-se de um problema vivido pela maioria das ONGs do mundo, cujo processo de profissionalização já está em andamento, acelerado pelas exigências das instituições financiadoras, cujos sistemas burocráticos de apresentação de projetos e de avaliação exigem recursos humanos cada vez mais especializados.

• Luta contra a violência – A violência urbana transformou-se num dos principais problemas sociais e políticos deste início de milênio. Nesse campo, encontra-se possivelmente a principal contribuição e originalidade do Viva Rio, no qual os instrumentos de Internet têm sido mobilizados como parte de um repertório de ações de informação, análise, pesquisa e apoio a campanhas e projetos sociais.

A violência urbana afeta as cidades do mundo todo, tanto dos países desenvolvidos como em desenvolvimento, e ocupa um lugar central nas campanhas eleitorais. Ela alimenta o preconceito contra os imigrantes na Europa, os negros e os latinos nos Estados Unidos, e os moradores das áreas pobres na América Latina. Apesar de sua importância, a imaginação política dos partidos e da chamada sociedade civil tem se mostrado curta. A luta pela paz e a luta pelo desenvolvimento ainda são tratadas, na prática, como temas separados pela maioria das agências internacionais, dos governos e das ONGs.

Um dos grandes problemas apresentados pela luta contra a violência é que ela, no Brasil mas também em muitas partes do mundo, tem sido uma área em que o saber é monopolizado pelos órgãos de segurança. Com isso, a violência é geralmente confrontada por dois discursos que não conseguem dialogar: daqueles que afirmam a necessidade de preservação dos direitos humanos, mas que não indicam caminhos práticos, e um discurso que, em nome da eficácia, coloca entre parênteses a civilidade e respeito à lei. A importância da experiência do Viva Rio é que ao mesmo tempo em que o discurso de paz e de respeito aos direitos humanos ocupa um lugar central na sua política de comunicação, ele desenvolve projetos concretos na área de segurança, procurando resultados práticos, enfrentando os problemas específicos da área policial e da violência armada.

A experiência relatada no capítulo XII, na qual o Viva Rio conseguiu a cooperação entre os governos e polícias do Brasil e da Argentina para lutar contra o tráfico de armas, indica a importância que redes de ONGs podem ter na luta contra o crime e terrorismo internacional. As estruturas rígidas dos Estados nacionais e a falta de sistemas institucionais de cooperação internacional adequados à luta contra as novas formas de violência organizada limitam o intercâmbio de informação e a cooperação rápida e flexível entre os órgãos de segurança dos Estados. As ONGs especializadas na luta contra a violência deverão desempenhar um papel cada vez mais importante no apoio às políticas nacionais de segurança, além de ajudar na consolidação, na opinião pública, de uma visão própria sobre como enfrentar os problemas da violência, visão que não seja informada somente pelo medo reativo.

O Viva Rio tem enfrentado o problema da violência reconhecendo a necessidade de atuar nas suas diversas dimensões e manifestações, tanto no contexto socioeconômico mais amplo – geração de emprego, educação –, como no próprio processo de combate a problemas específicos, como a circulação de armas de fogo e formação e treinamento de policiais. O Viva Rio tem tido um enorme sucesso em mostrar que a luta contra a violência urbana interessa a todos os segmentos da sociedade, e que uma cultura de paz e de rejeição da violência pode criar um movimento social com vontade de enfrentar os diferentes problemas de segurança humana, sem cair em atitudes que fortaleçam o arbítrio e a violência policial e que estigmatizem os moradores de favelas e bairros pobres.

• Valorização da auto-imagem dos setores sem imagem – Uma das principais reivindicações da luta contra a exclusão digital é a necessidade de valorizar as culturas locais que estariam correndo o risco de perderem suas identidades étnicas e lingüísticas. Trata-se de uma reivindicação correta se não se procura contrapor a cultura local à cultura global, não se esquecendo de que a chamada cultura local é sempre um conjunto variado de tradições que podem ser interpretadas de diversas maneiras, e que a Internet é um caminho de mão dupla, através do qual conteúdos são transmitidos para o mundo e o mundo entra na comunidade.

Enquanto a maioria das ações nesta área procuram valorizar identidades preexistentes, reprimidas pela cultura dominante, a importância da ação do Viva Rio é a de procurar transformar a auto-imagem e a imagem negativa que outros grupos sociais vinculam aos habitantes das áreas mais pobres da sociedade, mostrando como nelas se desenvolvem fenômenos de criatividade cultural e social. Em vez de se contrapor e isolar, trata-se de integrar, de mostrar as dimensões positivas e a riqueza da vida nas comunidades carentes. Tanto o preconceito social como visões bem-intencionadas que enfatizam a exclusão social e um jornalismo que focaliza notícias de impacto tendem a apresentar tais comunidades como pura negatividade, como foco de violência e sofrimento. Sem negar ambos os aspectos, trata-se de criar pontes com o mundo, mostrando a vida na favela nas suas diversas dimensões, tanto aos moradores locais como o restante da sociedade, que em geral nunca visitou uma favela.

• Auto-sustentação e abertura ao mercado – Uma definição alternativa das ONGs, como sendo organizações sem fins lucrativos, poderia ser a de instituições com projetos sociais não auto-sustentáveis. As ONGs precisam de apoios externos para montar e experimentar projetos sociais. O critério de relevância dos projetos das ONGs poderia ser o de que, num prazo determinado de tempo, eles sejam absorvidos pelas políticas públicas ou passem a ser auto-sustentáveis. O Viva Rio tem mostrado uma enorme capacidade de trabalhar em ambos os sentidos, de elaborar projetos transformáveis em políticas públicas e projetos que podem chegar a ser auto-sustentáveis. Assim, por exemplo, as Estações Futuro, à diferença de outras experiências de telecentros espalhados no Brasil, cobram uma taxa mínima de acesso, tanto como um mecanismo de auto-sustentação como produto de uma postura que permite ao usuário valorizar sua capacidade e esforço para ter acesso ao serviço.

• Tamanho e diversidade – O Viva Rio sofre das mazelas típicas da vida das ONGs, em particular, a instabilidade financeira que, além de pôr em risco a sustentação dos projetos, dificulta o recrutamento de quadros qualificados, especialmente naqueles setores que exigem uma experiência de mercado. A quantidade e variedade das atividades do Viva Rio funcionam, até certo ponto, como um antídoto contra esta tendência. Se, por um lado a diversidade dos projetos pode criar forças centrífugas que afetam a coerência das ações, por outro lado, produz uma massa crítica de recursos que lhe permite, apesar da instabilidade dos fluxos de caixa, manter uma equipe permanente de pessoas qualificadas e sustentar projetos deficitários, até encontrar novos financiamentos, assim como financiar experiências-piloto antes de terem financiamentos assegurados. Segundo uma certa visão idealizadora das ONGs, elas seriam estruturas altamente eficientes em comparação com as organizações públicas, caracterizadas pelo desperdício de recursos humanos e financeiros. Infelizmente, essa visão desconhece o constante desperdício de recursos associado à interrupção constante de projetos de ONGs por descontinuidade de financiamentos.

Embora o tamanho do Viva Rio seja excepcionalmente grande em relação à maioria das ONGs, boa parte das quais são nanicas, quando não unipessoais, tudo indica que nos próximos anos haverá uma tendência a uma maior profissionalização e fortalecimento de certas ONGs com estruturas consolidadas.

• Relação com as comunidades/trabalho em rede – Uma das principais características do Viva Rio é que ele trabalha em cooperação e coordenação com as comunidades locais e sua direção mantém, ao mesmo tempo, uma autonomia em relação a cada uma delas. Esse tipo de atuação por vezes é criticado por não estar enraizado totalmente nas comunidades e porque os projetos muitas vezes chegam "de fora". Essa crítica merece um comentário detalhado, pois se sustenta em alguns mitos do discurso "alternativo", mas que também foi apropriado pela maioria das grandes fundações e organizações internacionais.

No caso das favelas do Rio de Janeiro, um número importante das lideranças comunitárias se encontra direta ou indiretamente sob a influência dos traficantes de drogas, ou na possibilidade de ser chantageado por eles. Esta seria já uma razão suficiente para não subordinar todas as ações locais a centros localizados nas favelas. Mas essa é uma razão circunstancial e, em princípio, de acordo com aqueles que enfatizam o empoderamento (empowerment) da comunidade, deveria ser abandonada assim que possível. Trata-se, porém, de uma visão idealizada e, portanto, deformada da comunidade. As comunidades em geral são muitas vezes controladas por estruturas oligárquicas e, não havendo controles externos, tendem a valorizar projetos que permitem a reprodução do poder existente, ou a canalizar os recursos em função dos próprios interesses.

Obviamente, trata-se de valorizar as necessidades, potencialidades e cultura local, mas não de mitificar a comunidade como fonte única de saber nem de poder. Em certos casos, lideranças renovadoras surgem no interior das favelas, em geral de jovens que conseguiram um certo nível de qualificação educacional, que reivindicam para si a capacidade de serem os autênticos porta-vozes da comunidade. Trata-se, sem dúvida, de quadros fundamentais, que na maioria das vezes realizam trabalhos extremamente criativos, mas sua legitimidade é dada exatamente por serem portadores de um saber externo.

O Viva Rio se estrutura como uma rede de relações face a face que se potencializa pelos instrumentos de comunicação telemáticos, mas que se renova constantemente na prática das relações e contatos cotidianos. A atuação do Viva Rio através de redes lhe permite estar presente em muitas comunidades, sem estar ligado única ou particularmente a uma localidade, permite-lhe ter uma visão de conjunto dos problemas da cidade e propor soluções e modelos de organização que ultrapassam as necessidades específicas de cada lugar. Ao mesmo tempo, trabalhando com as organizações locais, aspecto fundamental da ação do Viva Rio, valoriza e potencializa as organizações e ONGs das comunidades, permitindo que rompam com uma visão provinciana e por vezes estreita de seus problemas e das soluções disponíveis.

• Solidariedade e representação – A forma de atuação do Viva Rio levanta um tema cuja discussão foge dos limites deste trabalho, mas que não pode deixar de ser mencionado. As ONGs muitas vezes confundem solidariedade e vocalização das necessidades dos grupos carentes com representação destes mesmos grupos. Existem os mais diversos tipos de ONGs, e com certeza muitas delas são uma expressão direta de movimentos sociais e outras têm fortes raízes nas comunidades, em relação às quais elas podem se proclamar como suas representantes. Mas, em geral, solidariedade não pode ser confundida com representação – nem deve, pois, por melhores que sejam as intenções, isso não deixa de ser uma forma de usurpação.

O Viva Rio, através de suas campanhas, busca expressar as aspirações de solidariedade que permeiam e atravessam o conjunto da sociedade; através do desenvolvimento de produtos procura oferecer às comunidades de baixa renda respostas a seus problemas específicos, quando possível em parceria com o governo e/ou empresas, e sempre em ligação com organizações locais. Tais parcerias, contudo, não autorizam o Viva Rio a pretender ser representante ou substituto dos diversos atores sociais. A instituição distancia-se, assim, de um modelo de ONG, ainda dominante na América Latina, no qual prevalecem discursos radicais sobre uma sociedade alternativa, ONGs que se apresentam como (auto)delegadas da vontade popular.

• Relações com o Estado e o mundo empresarial – No Brasil e na América Latina algumas das principais ONGs e um bom número de suas lideranças se formaram nos anos setenta no contexto de luta contra a ditadura e na tradição socialista de confronto com o Estado e de questionamento do capitalismo. Embora tenham sofrido transformações no decorrer das décadas, parte das ONGs continuam mantendo, além de uma retórica radical, uma postura de desconfiança diante das instituições governamentais e das empresas.

A característica do Viva Rio tem sido de assumir desde seu início uma postura efetivamente apartidária, disposta a colaborar com o governo, sem preconceito ideológico. Sua única preocupação é a possibilidade de desenvolver projetos sociais entre populações carentes. Essa postura implica um importante avanço na compreensão da contribuição das ONGs no aprofundamento da democracia. Não confundindo as instituições públicas com o governo do momento, o Viva Rio compreendeu que a principal contribuição das ONGs não está em se contrapor ao Estado, mas em ajudar a democratizar suas estruturas.

• Relação com a imprensa – O Viva Rio é, sem dúvida, um fenômeno midiático. Sua exposição na mídia é invejável, mesmo para qualquer instituição de grande porte ou partido político. Esta capacidade de estar presente no noticiário tem gerado por vezes ressentimentos de políticos e críticas dentro do mundo das ONGs. Considera-se que sua presença constante nos noticiários seja uma atitude exibicionista, em vez de estar trabalhando ao lado dos necessitados. Acreditamos que, como este livro procurou mostrar, se trata de uma crítica duplamente injusta. Primeiramente, porque o Viva Rio realiza uma impressionante quantidade de atividades locais. Em segundo lugar, porque o papel das ONGs é, sobretudo, a partir de práticas locais, criar e disseminar mensagens morais – e no mundo atual, a capacidade de atingir corações e mentes passa pelo acesso aos meios de comunicação. A violência no Rio de Janeiro tem um enorme potencial para fortalecer atitudes fascistóides. As campanhas do Viva Rio de valorização das favelas e de responsabilização do conjunto da sociedade e dos governos pelos problemas da violência têm sido um fator central para neutralizar essa tendência e avançar propostas efetivas de luta contra o crime, mantendo o respeito pelos direitos humanos.

• Estação Futuro como Telecentros Comunitários Multipropósito – Uma das características principais da Estação Futuro, e que a distingue da maioria de outras experiências de telecentros associados às chamadas redes solidárias e cidadãs é a polivalência de sua área de atuação. Pela diversidade de serviços, além do acesso à Internet e cursos de informática, ela representa um passo experimental importante na direção da criação de Telecentros Comunitários Multipropósito. Dada a importância dos telecentros para a democratização do acesso à Internet, é necessário um esforço constante de análise das diferentes formas de atuação dos telecentros, dos tipos de modelo tecnológico, do gerenciamento e financiamento utilizado e da diversidade de conteúdos e serviços oferecidos e das relações com a comunidade. A criação de Telecentros Comunitários Multipropósito permitirá a redução de duplicação de investimentos em telecentros e a construção de pólos irradiadores do uso da Internet em telecentros que poderão ser assumidos, na forma de cibercafés, pelo setor privado.

Agradecimentos

Este livro não teria sido escrito sem o apoio e o incentivo de Jorge Werthein e Maria Inês Bastos, da Unesco/Brasil, preocupados com a criação de novos caminhos para superar a exclusão digital e democratizar o conhecimento. Adama Samassekou fortaleceu a minha convicção da impossibilidade de isolar a luta contra a exclusão digital da luta contra as diferentes formas de desigualdade social. Jean-François Soupizet foi uma fonte permanente de informação e entusiasmo ponderado pela Sociedade da Informação. Com John Wilkinson compartilho há anos um diálogo constante sobre vários temas presentes neste trabalho. Roberto Grün, num de nossos bate-papos sempre instigantes, ajudou-me a aceitar escrever um livro que esquece os ritos da escrita acadêmica e que me levou a navegar entre o pessimismo da razão e o otimismo da vontade. Tadao Takahashi, Sergio Góes, André Urani, Simon Schwartzman, Rubem César Fernandes, Philippe Quéau, John Rose, Joseph Leigh, Peter Fry e Nilton Bonder foram interlocutores importantes para o amadurecimento de temas aqui tratados. A todos eles e à equipe do Viva Rio – isentos de qualquer responsabilidade por eventuais desacertos –, minha gratidão pelo tempo dedicado a entrevistas e visitas aos locais de atuação, pelas informações e pelas idéias.

A disponibilidade de informação quantitativa detalhada sobre as atividades do Viva Rio foi possível graças ao suporte da Comissão Européia às atividades de avaliação da instituição.

Este trabalho contou com duas assistentes excepcionais, Isadora Andrade Wilkinson e Julie Remold. Na figura de Julie, minha orientanda no curso de mestrado em sociologia, agradeço aos meus colegas e alunos do Programa de Pós-Graduação de Sociologia e Antropologia do IFCS/UFRJ.

Indicações bibliográficas

Para aqueles interessados nos temas discutidos neste livro e nas fontes de informação estatística, indicamos os principais sites utilizados, onde será possível encontrar dados constantemente atualizados. De todas as formas, como apontamos anteriormente, os dados devem ser considerados indicativos de tendência, pois são grandes as divergências entre as instituições especializadas na avaliação do universo da Internet, inclusive no que se refere ao número de usuários e impactos econômicos. Os sites indicados apresentam relatórios e artigos de boa qualidade com material de menor valor, mas, mesmo nos melhores trabalhos acadêmicos e nos documentos oficiais de instituições internacionais, muitas vezes as estatísticas apresentadas não indicam data de referência. Há também uma tendência a referir-se a "histórias de sucesso" de luta contra a exclusão digital, que muitas vezes nunca chegaram efetivamente a decolar ou sobre as quais não se possui nenhuma avaliação. Talvez mais grave seja a adoção de arquivos PDF que usam de forma intensa gráficos e fotos, que para serem baixadas em tempo razoável exigiriam o uso de computadores avançados e de banda larga. Por exemplo, carregar um arquivo de uma organização internacional que explica como preparar um telecentro num país em desenvolvimento demoraria quase uma hora e meia, supondo-se que a ligação não caia, se fosse feito num computador sem acesso à Internet de banda larga.

Sites sobre desigualdade social e a Sociedade da Informação

- Banco Mundial: www.worldbank.org
- Comissão Européia: http://europa.eu.int/information_society/index_en.htm
- ITU: www.itu.int
- OECD: www.oecd.org
- PNUD: www.undp.org
- Unesco - www.unesco/org/webworld/observatory/index.shtml

• United Nations Information and Communication Technologies Task Force: www.unicttaskforce.org/index.asp
International Development Research Centre: www.idrc.ca/media/Connecting_dots_e.html

Site sobre a América Latina

• Cepal: www.eclac.cl/
• Red de Telecentros en América Latina y el Caribe: http://tele-centros.org.
• Fundación Redes y Desarrollo: http://www.funredes.org/mistica

Sites sobre o Brasil

• Anatel: www.anatel.gov.br
• BNDES: www.bndes.gov.br
• CG (Comitê Gestor da Internet no Brasil): http://www.cg.org.br
• Fundação Getulio Vargas: www2.fgv.br/ibre/cps/mapa_exclusao/apresentacao/apresentacao.htm
• Governo Federal: www.governoeletronico.gov.br/
• IBGE: www.ibge.gov.br
• Rits: www.rits.org.b
• Programa Sociedade da Informação: www.socinfo.org.br

Principais sites do Viva Rio

www.vivario.org.br
www.vivafavela.com.br
www.desarme.org
www.balcaodedireitos.org.br
www.favelatemmemoria.com.br
www.cambito.com.br
www.vivacred.org.br
www.radiovivario.com.br
www.lojavivario.com.br
www.belezapura.org.br

Para quem quiser consultar trabalhos impressos sobre a exclusão digital, a obra de Manuel Castells é uma referência central, embora discordemos de sua tendência a magnificar a importância das transformações sociais produzidas pela Internet. Seu livro mais recente apresenta uma síntese de suas posições e uma ampla bibliografia: *The Internet Galaxy*, Nova York, Oxford University Press, 2001 [Ed. bras. *A galáxia da Internet*, Rio de Janeiro, Jorge Zahar, 2003]. Uma outra referência importante que, sob uma perspectiva jurídica, desenvolve posições próximas às desenvolvidas neste livro sobre a Sociedade da Informação é Lawrence Lessig. Suas obras mais recentes incluem: *Code and Other Laws of Cyberspace*, Nova York, Basic Books, 1999, e *The Future of Ideas: The Fate of the Commons in a Connected World*, Nova York, Random House, 2001. Uma análise fina sobre a divisão digital norte/sul pode ser encontrada em J.F. Soupizet, "Technologies d'information et de communications dans les pays en développement: une approche en termes d'accès", tese de doutorado, Université Libre de Brussels, 2003. Finalmente, quem se interessar pela visão do autor sobre o Brasil, pode consultar *A nova sociedade brasileira*, Rio de Janeiro, Jorge Zahar, 2001, 2ª ed., e, sobre as relações entre Estado e ONGs, *A democracia inesperada: Direitos humanos, política e os impasses da globalização* (no prelo).

Este livro foi composto pela Unesco,
em Times New Roman e Rotis, e impresso por
Geográfica Editora em setembro de 2003